필사筆寫는 책을 손으로 직접 베껴 쓰는 일을 말합니다.
문장 하나하나를 곱씹어 가면서 천천히 해 봅니다.
아무 생각 없이 받아쓰기 하는 막노동이 되지 않도록
순간순간 흩어지는 집중력을 되잡는 일이 중요합니다.
법륜 스님의 말씀을 가슴에 새기고
나의 삶이 되는 중요한 순간입니다.

이름 :

필사 입재한 날 :   년   월   일

필사 회향한 날 :   년   월   일

金剛般若波羅蜜經

법륜 스님의 금강경 강의

**필사 공책
100일 완성**

정토출판

머리글

'이와 같이 내가 들었사오니,
한때에 부처님께서 사위국 기수급고독원에서
천이백오십 비구와 함께 계셨습니다.'

『금강경』의 첫 문장은 널리 알려져 있습니다. 오랜 세월에 걸쳐 큰 가르침을 준 경전의 첫 시작은 이렇게 간결하고 여여합니다. 마치 한 비구의 일기장을 보듯 지극히 평범합니다. 그러나 산스크리트어로 되어 있던 『금강경』이 한자로 번역되고 또 한글로 번역되어 우리에게 닿기까지는 수많은 분들의 공덕이 있었습니다. 이 귀한 가르침을 완전히 다른 체계의 언어로 번역하고 풀이하기까지 그 정성과 노고는 얼마만큼 필요할까요?

우리는 『법륜 스님의 금강경 강의』 곳곳에서 『금강경』을 대하는 법륜 스님의 마음을 엿볼 수 있습니다. 남편에게 술상을 차리는 오늘날 이야기부터 등불을 밝히는 먼 옛날 여인의 이야기까지를 오가며 정성을 다해 『금강경』을 설하십니다. 마침내 수보리가 무엇을 여쭈었는지 그리고 부처님께서 어떤 답을 주셨는지를 바르게 알게 해 주십니다. 법륜 스님의 법문에 다시 한번 감사드립니다. 문장을 고르는 과정에서 『금강경』의 한자 문구를 그대로 넣은 부분도 있지만 되도록 법륜 스님의 쉬운 강의 내용을 발췌하여 넣은 것도 이러한 맥락입니다.

이 책은 『법륜 스님의 금강경 강의』를 필사하는 책입니다. 즉, 사경을 위한 책으로 『법륜 스님의 금강경 강의』를 읽은 분들이 필사할 수 있도록 만들었으나, 부처님 법을 배우고자 하는 분들이라면 누구라도 쉽게 닿을 수 있을 만큼 쉽고 간결합니다. 반듯하게 정의된 문장과 스님이 자주 비유하시는 토끼나 다람쥐 등의 동물 이야기, 먹고사는 이야기 사이에서 어떤 것을 고르는 게 더 좋을지에 대한 고민의 시간이 있었습니다. 너무 가볍지도 무겁지도 않도록 중심을 잡아 필사하는 문장들이 『법륜 스님의 금강경 강의』가 되도록 초점을 맞추었습니다.

경전을 필사하는 사경寫經은 불가의 오래된 수행입니다. 그 시작은 인쇄술이 발달하지 않았던 시절 경전을 보급하기 위함이었지만 인쇄술이 발달한 지금까지도 행해지고 있는 것은 사경 자체를 수행으로 삼고 공덕으로 여기기 때문입니다. 사경을 할 때는 글자 하나마다 삼배를 올렸다 하니 그 정성의 크기를 가늠조차 할 수 없습니다. 필사는 손으로 책을 읽는 과정입니다. 호흡을 고르고 한 글자씩 쓰다 보면 가르침이 손으로 전해지고 눈으로 읽을 때보다 여운이 길게 남습니다.

이 책이 나오기까지 시간을 쪼개어 함께해 준 도반들께 감사드립니다. 우리는 모두 모자이크 붓다입니다. 햇살이 따사롭고 바람도 선선한 어느 날, 천이백오십 비구와 부처님이 계시던 기수급고독원에 여러분도 함께 앉아 있기를 바랍니다.

2025년 7월
편집부

20   년

1월 2월 3월 4월 5월 6월 7월 8월 9월 10월 11월 12월

1 2 3 4 5 6 7 8 9 10 11 12 13 14 15

16 17 18 19 20 21 22 23 24 25 26 27 28 29 30/31

월 화 수 목 금 토 일

맑음 구름 비 눈 갬 안개 바람

『금강경』의 본래 이름은
『금강반야바라밀경』입니다.
금강은 다이아몬드를, 반야는 지혜를,
바라밀은 피안의 세계에 도달함을 가리킵니다.
『금강경』에 담긴 지혜가
다이아몬드처럼 가장 값지고
소중하고 견고하다는 뜻이기도 하고,
다이아몬드가 세상 모든 물질을 깨뜨리듯
『금강경』의 지혜로써
중생의 어리석음과 번뇌를
깨뜨린다는 뜻이기도 합니다.

1일

【마음나누기】 필사를 마친 지금 나의 마음은 어떤가요?

20   년

1월 2월 3월 4월 5월 6월 7월 8월 9월 10월 11월 12월

1   2   3   4   5   6   7   8   9   10 11 12 13 14 15
16 17 18 19 20 21 22 23 24 25 26 27 28 29 30/31

월 화 수 목 금 토 일

맑음 구름 비 눈 갬 안개 바람

걸식의 의미 역시 수행과
직결되어 있습니다.
부처님은 가난한 이에게
밥을 빌어 그들을 높였고
왕과 귀족에게 굽히지 않음으로써
그들을 낮추었습니다.
이 세상의 가장 높은 자보다 높고
가장 낮은 자보다 낮은 이가 되어
일체중생이 평등함을 보였습니다.

2일

【마음나누기】 필사를 마친 지금 나의 마음은 어떤가요?

20   년

1월 2월 3월 4월 5월 6월 7월 8월 9월 10월 11월 12월

1 2 3 4 5 6 7 8 9 10 11 12 13 14 15

16 17 18 19 20 21 22 23 24 25 26 27 28 29 30/31

월 화 수 목 금 토 일

맑음 구름 비 눈 갬 안개 바람

금강경에 그려진 부처님의 행색은
마치 거지에 불과합니다.
다 떨어진 옷을 입은 채 발우 한 개 들고
이 집 저 집 밥을 동냥하는 부처님
제자들과 함께 얻어 온 밥을 나눠 먹는 부처님
식사를 마치고는 손수 가사와 발우를
정리하는 부처님.
이렇게 부처님은 세상에서 가장 가난하고
평범한 사람의 모습입니다.
부처님의 이러한 일거수일투족이
수행자를 위한 엄청난 가르침임을 깨닫습니다.

3일

【마음나누기】 필사를 마친 지금 나의 마음은 어떤가요?

20   년

1월 2월 3월 4월 5월 6월 7월 8월 9월 10월 11월 12월

1 2 3 4 5 6 7 8 9 10 11 12 13 14 15

16 17 18 19 20 21 22 23 24 25 26 27 28 29 30/31

월 화 수 목 금 토 일

맑음 구름 비 눈 갬 안개 바람

아뇩다라삼먁삼보리
즉 가장 높고 보편타당한 진리인
무상정등정각을 얻고자 하는 마음이
보리심입니다.
아무리 두터운 업장이 쌓였다 할지라도
혹은 세상에서 큰 죄를 지었다 해도
지금 이 순간 진리의 삶으로 나아가리라고
한 마음 돌이킨 사람이라면
누구나 다 선남자고 선여인입니다.

4일

【마음나누기】 필사를 마친 지금 나의 마음은 어떤가요?

20   년

1월 2월 3월 4월 5월 6월 7월 8월 9월 10월 11월 12월

1 2 3 4 5 6 7 8 9 10 11 12 13 14 15

16 17 18 19 20 21 22 23 24 25 26 27 28 29 30/31

월 화 수 목 금 토 일

맑음 구름 비 눈 갬 안개 바람

최상의 깨달음을 얻고자 하는
선남자 선여인이라면
다른 무엇보다도
자기 마음을 어떻게 머무르고
어떻게 다스려야 할지가
첫 번째 숙제입니다.
그렇게 보리심을 일으켜야만
윤회의 수레바퀴에서 벗어날 수 있습니다.
간절히 일으킨 보리심은
하나의 씨앗이 되어
언젠가는 싹을 틔워 깨달음을 얻게 합니다.

5일

【마음나누기】 필사를 마친 지금 나의 마음은 어떤가요?

20   년

1월 2월 3월 4월 5월 6월 7월 8월 9월 10월 11월 12월

1 2 3 4 5 6 7 8 9 10 11 12 13 14 15

16 17 18 19 20 21 22 23 24 25 26 27 28 29 30/31

월 화 수 목 금 토 일

맑음 구름 비 눈 갬 안개 바람

대승불교에서는 발보리심
그중에서도 초발심初發心을 특히 중요시합니다.
그런데 처음 보리심을 일으키는 것만큼이나
그 마음을 지속적으로 밀고 나가는 것도
참으로 어렵습니다.
이제껏 내 삶을 지배해 온
욕망과 집착을 버려야 함을 깨달았다 해도
긴 세월 몸에 밴 습관은
쉽게 사라지지 않습니다.

6일

【마음나누기】 필사를 마친 지금 나의 마음은 어떤가요?

20   년

1월 2월 3월 4월 5월 6월 7월 8월 9월 10월 11월 12월

1 2 3 4 5 6 7 8 9 10 11 12 13 14 15

16 17 18 19 20 21 22 23 24 25 26 27 28 29 30/31

월 화 수 목 금 토 일

맑음 구름 비 눈 갬 안개 바람

"모든 중생을 내가 다 제도하겠다는 마음을 내라."
'아개영입我皆令入 무여열반無餘涅槃
이멸도지而滅度之' 에서의
'아我'는 발보리심한 보살입니다.
그러니까 보살,
즉 모든 괴로움에서
완전하게 벗어나고자 하는 사람은
일체중생을 열반에 들게 하여
하나도 남김없이 제도해 마치겠다는
마음을 먼저 내라는 말입니다.

7일

【마음나누기】 필사를 마친 지금 나의 마음은 어떤가요?

20   년

1월 2월 3월 4월 5월 6월 7월 8월 9월 10월 11월 12월

1 2 3 4 5 6 7 8 9 10 11 12 13 14 15

16 17 18 19 20 21 22 23 24 25 26 27 28 29 30/31

월 화 수 목 금 토 일

맑음 구름 비 눈 갬 안개 바람

베푸는 마음 자체가
이미 기쁨임에도 불구하고
거기에 자꾸 다른 보상을 구하다 보면
좋은 일을 하면서도 행복은커녕
오히려 괴로움을 느끼게 됩니다.

8일

【마음나누기】 필사를 마친 지금 나의 마음은 어떤가요?

20   년

1월 2월 3월 4월 5월 6월 7월 8월 9월 10월 11월 12월

1 2 3 4 5 6 7 8 9 10 11 12 13 14 15

16 17 18 19 20 21 22 23 24 25 26 27 28 29 30/31

월 화 수 목 금 토 일

맑음 구름 비 눈 갬 안개 바람

상을 여의었다는 건

그 어떤 상에서든 다 벗어났다는 말이고

어떤 상도 여읜다는 것은

세상 만물을 있는 그대로 본다는 말입니다.

나와 다른 삶의 방식

나와 다른 의견과 주장

나와 다른 종교와 신앙

나와 다른 사랑의 방식도

모두 있는 그대로 볼 수 있어야

상을 여읜 것입니다.

9일

【마음나누기】 필사를 마친 지금 나의 마음은 어떤가요?

20   년

1월 2월 3월 4월 5월 6월 7월 8월 9월 10월 11월 12월

1 2 3 4 5 6 7 8 9 10 11 12 13 14 15
16 17 18 19 20 21 22 23 24 25 26 27 28 29 30/31

월 화 수 목 금 토 일

맑음 구름 비 눈 갬 안개 바람

기대하는 마음 없이 베풀면
금강석처럼 변하지 않는 큰 복이 옵니다.
이것이 상에 머무르지 않는
무주상보시의 원리입니다.
사람들은 빚을 갚을 때
돈을 빌려주었던 사람에게
그동안 고마웠다고 감사 인사를 합니다.
바로 이것입니다.
이렇게 빚을 갚는 사람과 같은 자세가
바로 무주상보시의 마음입니다.

10일

【마음나누기】 필사를 마친 지금 나의 마음은 어떤가요?

20   년

1월 2월 3월 4월 5월 6월 7월 8월 9월 10월 11월 12월

1   2   3   4   5   6   7   8   9   10 11 12 13 14 15

16 17 18 19 20 21 22 23 24 25 26 27 28 29 30/31

월 화 수 목 금 토 일

맑음 구름 비 눈 갬 안개 바람

베푸는 마음을 내는 것이
행복으로 가는 길입니다.
행복해지고 싶으면
사랑받으려 하지 말고
사랑하는 사람이 되십시오.
이해받으려 하지 말고
이해하는 사람이 되십시오.
도움받으려 하지 말고
도움 주는 사람이 되십시오.
보살핌 받으려 하지 말고
보살펴 주는 사람이 되십시오.
그것이 흔들리지 않는
행복으로 나아가는 길입니다.

11일

【마음나누기】 필사를 마친 지금 나의 마음은 어떤가요?

20   년

1월 2월 3월 4월 5월 6월 7월 8월 9월 10월 11월 12월

1 2 3 4 5 6 7 8 9 10 11 12 13 14 15

16 17 18 19 20 21 22 23 24 25 26 27 28 29 30/31

월 화 수 목 금 토 일

맑음 구름 비 눈 갬 안개 바람

빚을 갚는 사람의 마음처럼
본래 내 것이 아님을 알아서
돌려주는 마음으로 베푸는 것이
무주상보시입니다.
기대 심리가 없는 보시가
무주상보시입니다.
이러한 무주상보시의 의미를
새기지 못하고 금강경을 읽으면
입으로 외우는 것뿐입니다.
나의 보시를 받아 주어 고맙다고
상대에게 고개 숙여 감사하는 것이
무주상보시입니다.

12일

【마음나누기】 필사를 마친 지금 나의 마음은 어떤가요?

20   년

1월 2월 3월 4월 5월 6월 7월 8월 9월 10월 11월 12월

1 2 3 4 5 6 7 8 9 10 11 12 13 14 15

16 17 18 19 20 21 22 23 24 25 26 27 28 29 30/31

월 화 수 목 금 토 일

맑음 구름 비 눈 갬 안개 바람

보살의 사랑은
자신의 욕심을 기준으로
좌우되는 것이 아닙니다.
언제나 한결같고
상대가 내게 어떻게 하느냐가
아무 문제가 되지 않습니다.
그러니 베풂에 있어
눈치를 볼 일도 없습니다.
사랑하는 것만으로
주는 것만으로
보살은 이미 충분한 기쁨을
누리고 행복합니다.

13일

【마음나누기】 필사를 마친 지금 나의 마음은 어떤가요?

20   년

1월 2월 3월 4월 5월 6월 7월 8월 9월 10월 11월 12월

1 2 3 4 5 6 7 8 9 10 11 12 13 14 15

16 17 18 19 20 21 22 23 24 25 26 27 28 29 30/31

월 화 수 목 금 토 일

맑음 구름 비 눈 갬 안개 바람

좋고 나쁨을 구분하는 기준
문제라고 판단하는 기준은
다 내 생각일 뿐입니다.
그 사실을 깨달으면
괴로움은 순식간에 사라집니다.
본래 나쁜 것도 없고
본래 좋은 것도 없는 줄을 알면
좋고 나쁘다는 상으로 생긴
온갖 시비와 갈등이 사라집니다.
그러면 내 인생이 행복해집니다.

14일

【마음나누기】 필사를 마친 지금 나의 마음은 어떤가요?

20   년

1월 2월 3월 4월 5월 6월 7월 8월 9월 10월 11월 12월

1 2 3 4 5 6 7 8 9 10 11 12 13 14 15

16 17 18 19 20 21 22 23 24 25 26 27 28 29 30/31

월 화 수 목 금 토 일

맑음 구름 비 눈 갬 안개 바람

인간은 누구나 존엄한 존재입니다.
그러므로 내가 어떻게 태어났든
어떠한 몸을 가졌든
남자든 여자든
피부색이 어떻든
그대로 존중되어야 합니다.
누구나 다 부처가 될 수 있습니다.
그러므로 몸의 형상으로는 결코
여래를 볼 수 없습니다.

15일

【마음나누기】 필사를 마친 지금 나의 마음은 어떤가요?

20   년

1월 2월 3월 4월 5월 6월 7월 8월 9월 10월 11월 12월

1 2 3 4 5 6 7 8 9 10 11 12 13 14 15

16 17 18 19 20 21 22 23 24 25 26 27 28 29 30/31

월 화 수 목 금 토 일

맑음 구름 비 눈 갬 안개 바람

지금 사로잡힌 생각에서 벗어나
'내가 정말 내 식대로 사람을 보고
내 식대로 세상을 봤구나!' 하고 알게 되면
참회와 기쁨의 눈물을 함께 흘리게 됩니다.
그렇게 진실을 깨친 눈으로 인생을 보면
온갖 괴로움이 사라집니다.
행복한 사람, 자유로운 사람으로 다시 태어나
세상에 도움이 되는 보살의 삶을 살게 됩니다.

16일

【마음나누기】 필사를 마친 지금 나의 마음은 어떤가요?

20   년

1월 2월 3월 4월 5월 6월 7월 8월 9월 10월 11월 12월

1   2   3   4   5   6   7   8   9   10 11 12 13 14 15

16 17 18 19 20 21 22 23 24 25 26 27 28 29 30/31

월 화 수 목 금 토 일

맑음 구름 비 눈 갬 안개 바람

'계를 지니고 복을 닦는다' 할 때의 복은
재물이나 권력, 명예나 건강 같은
세속적인 복이 아닙니다.
부처님이 말씀하시는 복은
인과법칙을 잘 믿고 잘 알아서
복을 짓고 복을 받는 것을 말합니다.
나아가 구하는 바가 없으니 부족함이 없고
내가 옳다는 한 생각을 버림으로써
증오와 미움이 사라진 마음에서
오는 복을 말합니다.

17일

【마음나누기】 필사를 마친 지금 나의 마음은 어떤가요?

20   년

1월 2월 3월 4월 5월 6월 7월 8월 9월 10월 11월 12월

1 2 3 4 5 6 7 8 9 10 11 12 13 14 15
16 17 18 19 20 21 22 23 24 25 26 27 28 29 30/31

월 화 수 목 금 토 일

맑음 구름 비 눈 갬 안개 바람

배고픈 이에게 먹을 것을 주고
병든 이에게 약을 주고
배우지 못한 아이들을 가르치는 일 등이
생명을 살리는 일입니다.
도둑질하지 않는 데서 그치지 않고
어려운 사람에게 보시하는 일
삿된 음행을 하지 않는 데서 그치지 않고
몸과 마음을 청정히 하는 일
거짓말하지 않는 데서 그치지 않고
진실한 말로 사람들을 깨우치는 일
술을 먹고 방탕하지 않는 데 그치지 않고
바른 정신문화를 창조하는 일 등이
우리가 마땅히 행해야 할 선행입니다.

18일

【마음나누기】 필사를 마친 지금 나의 마음은 어떤가요?

20   년

1월 2월 3월 4월 5월 6월 7월 8월 9월 10월 11월 12월

1 2 3 4 5 6 7 8 9 10 11 12 13 14 15

16 17 18 19 20 21 22 23 24 25 26 27 28 29 30/31

월 화 수 목 금 토 일

맑음 구름 비 눈 갬 안개 바람

캄캄한 방 안이 밝아지는 것은 한순간입니다.
그 방이 백 년 전부터 어두웠든
어제부터 어두웠든
불빛 하나 밝히면
어둠은 순식간에 사라집니다.
이것이 깨달음의 원리입니다.

19일

【마음나누기】 필사를 마친 지금 나의 마음은 어떤가요?

20   년

1월 2월 3월 4월 5월 6월 7월 8월 9월 10월 11월 12월

1 2 3 4 5 6 7 8 9 10 11 12 13 14 15

16 17 18 19 20 21 22 23 24 25 26 27 28 29 30/31

월 화 수 목 금 토 일

맑음 구름 비 눈 갬 안개 바람

스승은 혼자 힘으로 걸을 수 없는 제자에게
목발이 되어 줍니다.
하지만 제자는 다리가 회복되면
목발을 내려놓아야 합니다.
다리가 다 나았는데도 계속해서
목발을 짚고 다니는 것은 어리석은 짓입니다.
스승에 대한 최고의 경배는
목발이 되어 나를 걷게 해 준 스승을
미련 없이 떠나는 데에 있습니다.
그리고 스승이 내 목발이 되어 주었듯
나도 다른 이에게
목발이 되어 주는 것입니다.

20일

【마음나누기】 필사를 마친 지금 나의 마음은 어떤가요?

20   년

1월 2월 3월 4월 5월 6월 7월 8월 9월 10월 11월 12월

1   2   3   4   5   6   7   8   9   10 11 12 13 14 15
16 17 18 19 20 21 22 23 24 25 26 27 28 29 30/31

월 화 수 목 금 토 일

맑음 구름 비 눈 갬 안개 바람

내가 주인이 되면
내가 세상을 움직일 수 있으나
상에 집착하면
그 상이 나의 주인이 됩니다.
상에 집착하는 것은
나를 꽁꽁 묶어 스스로를 구속하는 일입니다.
상을 여의는 것
그것이 내 인생의 자유를 활짝 열어 주는
불법의 길입니다.

21일

【마음나누기】 필사를 마친 지금 나의 마음은 어떤가요?

20   년

1월 2월 3월 4월 5월 6월 7월 8월 9월 10월 11월 12월

1 2 3 4 5 6 7 8 9 10 11 12 13 14 15

16 17 18 19 20 21 22 23 24 25 26 27 28 29 30/31

월 화 수 목 금 토 일

맑음 구름 비 눈 갬 안개 바람

무유정법無有定法

정해진 법이 있지 않다는 말은
법이 없다는 뜻이 아닙니다.
또한 정해진 법이 없으니
아무렇게나 해도 상관없다는 뜻도 아닙니다.
법 또한 인연 따라 정해집니다.
지금의 인연에 따라 한 법이 정해졌다 해서
그것이 언제 어디에나 통용되는
절대적 진리가 될 수는 없습니다.
지금 법이 정해진다고 해서
'이것이 법이다'라고 할 만한
고정된 법은 없다는 말입니다.

22일

【마음나누기】 필사를 마친 지금 나의 마음은 어떤가요?

20   년

1월 2월 3월 4월 5월 6월 7월 8월 9월 10월 11월 12월

1 2 3 4 5 6 7 8 9 10 11 12 13 14 15
16 17 18 19 20 21 22 23 24 25 26 27 28 29 30/31

월 화 수 목 금 토 일

맑음 구름 비 눈 갬 안개 바람

'나'라고 하는 존재 역시 그러합니다.
고정된 실체 없이 그때그때 인연 따라
상황에 맞는 역할을 할 뿐입니다.
부모를 만나면 자식이 되고
남편을 만나면 아내가 되고
자식을 만나면 어머니가 됩니다.
버스를 타면 승객이 되고
물건을 사러 가면 손님이 됩니다.
다만 인연 따라 나타날 뿐입니다.

23일

【마음나누기】 필사를 마친 지금 나의 마음은 어떤가요?

20   년

1월 2월 3월 4월 5월 6월 7월 8월 9월 10월 11월 12월

1   2   3   4   5   6   7   8   9   10   11   12   13   14   15

16 17 18 19 20 21 22 23 24 25 26 27 28 29 30/31

월 화 수 목 금 토 일

맑음 구름 비 눈 갬 안개 바람

물이 그릇에 따라 모양을 바꾸듯
인연 따라
그때그때 바뀌어야 문제가 없습니다.
인연 따라 사는 삶이
집착이 없는 삶이고
그것이 바로 무위의 삶입니다.

24일

【마음나누기】 필사를 마친 지금 나의 마음은 어떤가요?

20   년

1월 2월 3월 4월 5월 6월 7월 8월 9월 10월 11월 12월

1 2 3 4 5 6 7 8 9 10 11 12 13 14 15

16 17 18 19 20 21 22 23 24 25 26 27 28 29 30/31

월 화 수 목 금 토 일

맑음 구름 비 눈 갬 안개 바람

사구게란 본래 네 개의 구절로 이루어진
게송을 뜻하지만
흔히 경전의 핵심 내용을 함축한 구절을 말합니다.
사구게를 수지한다는 말은
금강경을 손으로 받아서
늘 가지고 다닌다는 말이 아닙니다.
'수'란 사구게에 담긴 소식을 듣고
'아, 그렇구나!' 하고 깨달아서
마음으로 깊이 받아들이는 것을 의미합니다.
'지'는 늘 마음속에 새기는 공부입니다.
금강경을 수지한다는 것은
그 가르침을 삶의 양식으로 삼아
경계에 부딪칠 때마다
나를 돌아보는 지표로 삼는다는 뜻입니다.

25일

【마음나누기】 필사를 마친 지금 나의 마음은 어떤가요?

20   년

1월 2월 3월 4월 5월 6월 7월 8월 9월 10월 11월 12월

1   2   3   4   5   6   7   8   9   10 11 12 13 14 15

16 17 18 19 20 21 22 23 24 25 26 27 28 29 30/31

월 화 수 목 금 토 일

맑음 구름 비 눈 갬 안개 바람

복이라 할 게 없음을 아는 것이
복 중에 가장 큰 복입니다.
깨달음의 눈으로 보면 복이라 할 게 없습니다.
그래서 부처님은
'다만 이름하여 복이라 부른다'고 하셨습니다.
옳고 그름 역시 그렇습니다.
다만 인연 따라 그때그때 상황 속에서
잠시 형상을 갖추고 나타나는 것이지
옳다 그르다 할 본래의 성품이 없습니다.

26일

【마음나누기】 필사를 마친 지금 나의 마음은 어떤가요?

20   년

1월 2월 3월 4월 5월 6월 7월 8월 9월 10월 11월 12월

1 2 3 4 5 6 7 8 9 10 11 12 13 14 15

16 17 18 19 20 21 22 23 24 25 26 27 28 29 30/31

월 화 수 목 금 토 일

맑음 구름 비 눈 갬 안개 바람

이치를 깨친 뒤에는
그 이치에 맞춰
한결같이 닦아 나가야 합니다. (…)
한 번 깨닫기만 하면
그 순간 모든 게 완벽한 경지에
이르게 될 거라는 생각은
깨달음에 대한 환상입니다.
하지만 한 번도 깨달아 본 적이 없는 사람과
한 번이라도 깨달음의 맛을 본 사람은
그 힘이 다릅니다.
단 한 번이라도 깨달음의 맛을 보고 나면
'확실히 이렇게 하면 되는 거구나!' 하는
믿음이 생깁니다.

27일

【마음나누기】 필사를 마친 지금 나의 마음은 어떤가요?

20   년

1월 2월 3월 4월 5월 6월 7월 8월 9월 10월 11월 12월

1   2   3   4   5   6   7   8   9   10   11   12   13   14   15
16 17 18 19 20 21 22 23 24 25 26 27 28 29 30/31

월 화 수 목 금 토 일

맑음 구름 비 눈 갬 안개 바람

『법성게』의 '법성원융무이상法性圓融無二相'은
법의 근본이 둥글고 두루해서
두 가지 모습이 따로 없다는 뜻입니다.
하나의 상을 지으면 저절로 두 개의 상이 됩니다.
깨끗하다는 상을 지으면
반드시 그 옆에 더럽다는 상이 생기고
선하다는 상을 세우면
그 옆에 저절로 악하다는 상이 생깁니다.
그래서 두 개의 상이 생긴다는 것은
만 개의 상이 생긴다는 의미입니다.
그러므로 법의 실상은
만 가지 상이 다 일상一相으로부터 일어난 것인데
그 일상마저도 없다는 무상無相인 것입니다.

28일

【마음나누기】 필사를 마친 지금 나의 마음은 어떤가요?

20   년

1월 2월 3월 4월 5월 6월 7월 8월 9월 10월 11월 12월

1 2 3 4 5 6 7 8 9 10 11 12 13 14 15

16 17 18 19 20 21 22 23 24 25 26 27 28 29 30/31

월 화 수 목 금 토 일

맑음 구름 비 눈 갬 안개 바람

흔히 '불법의 이치는 청정하다'고 말할 때의 청정함은
더럽다는 말과 반대되는 개념이 아닙니다.
번뇌와 분별심이 사라진 마음자리를
청정하다는 이름으로 부를 뿐입니다.
'지고한 행복'이라는 말도
행과 불행의 상대적 개념의 행복이 아니라
행·불행을 떠난 경지
어떤 상황에서도
괴로움으로 변하지 않는 기쁨을 뜻합니다.

29일

【마음나누기】 필사를 마친 지금 나의 마음은 어떤가요?

20   년

1월 2월 3월 4월 5월 6월 7월 8월 9월 10월 11월 12월

1 2 3 4 5 6 7 8 9 10 11 12 13 14 15

16 17 18 19 20 21 22 23 24 25 26 27 28 29 30/31

월 화 수 목 금 토 일

맑음 구름 비 눈 갬 안개 바람

참된 장엄은 무엇일까요?
중생 스스로 편견과 업장을 버리고
번뇌를 소멸해 주인의 자리를 되찾는 것입니다.
사람들 모두의 마음이 편안하고
서로 사랑하며
돕고 사는 세상이야말로
불국토라고 할 수 있습니다.

30일

【마음나누기】 필사를 마친 지금 나의 마음은 어떤가요?

20   년

1월 2월 3월 4월 5월 6월 7월 8월 9월 10월 11월 12월

1 2 3 4 5 6 7 8 9 10 11 12 13 14 15
16 17 18 19 20 21 22 23 24 25 26 27 28 29 30/31

월 화 수 목 금 토 일

맑음 구름 비 눈 갬 안개 바람

사람들은 모두 제 나름대로 소신이라고 믿는
각자의 편견으로 세상을 봅니다.
그리고 그 편견의 눈에 비친 세상의 모습을
끊임없이 분별하면서
번뇌를 일으키고 괴로워합니다.
마치 자기만의 색안경을 끼고 세상을 보면서
제 눈에 보이는 빨간색, 파란색, 노란색의 세상이
옳다고 우기는 것과 같습니다.
이렇게 색안경을 끼고 보는 세상이 중생계라면
저마다 끼고 있던 색안경을 벗는 것이 장엄이고,
모두가 있는 그대로의 실상을 보게 되는 세상이
불국토입니다.

31일

【마음나누기】 필사를 마친 지금 나의 마음은 어떤가요?

20   년

1월 2월 3월 4월 5월 6월 7월 8월 9월 10월 11월 12월

1 2 3 4 5 6 7 8 9 10 11 12 13 14 15
16 17 18 19 20 21 22 23 24 25 26 27 28 29 30/31

월 화 수 목 금 토 일

맑음 구름 비 눈 갬 안개 바람

내 입장을 버리고 실상의 측면에서 본다면
세상에는 절대 있을 수 없는 일이란 없습니다.
윤리 도덕적인 고정관념의 상을 세우고
거기에 따라 옳고 그름을 재단하는 것은
괴로움을 자초하는 일입니다.
상을 깨고 한발 물러나서 바라보면
누구를 만나고 어떤 일이 생기든지
미워하거나 원망할 일이 없습니다.
그가 내 마음을 오해해서
나를 미워할 수는 있겠지만
적어도 나는 이 세상 누구하고도
원수질 일이 없고 미워할 일이 없습니다.

32일

【마음나누기】 필사를 마친 지금 나의 마음은 어떤가요?

20   년

1월 2월 3월 4월 5월 6월 7월 8월 9월 10월 11월 12월

1   2   3   4   5   6   7   8   9   10   11   12   13   14   15

16 17 18 19 20 21 22 23 24 25 26 27 28 29 30/31

월 화 수 목 금 토 일

맑음 구름 비 눈 갬 안개 바람

참으로 행복하고 자유로운 사람이
되고자 하는 보살이라면
마땅히 청정한 마음을 내어야 한다고 했습니다.
여기서 청정한 마음이란
더러운 마음과 반대되는
깨끗한 마음을 말하는 게 아닙니다.
더러움과 대립하는 깨끗함
악에 대립하는 선을 말하는 게 아니라
어떠한 상도 짓지 않고
무엇에도 집착하지 않는 걸림 없는 마음
육근 경계에 머문 바 없는 마음을
청정한 마음이라고 이름 지어 부를 뿐입니다.

33일

【마음나누기】 필사를 마친 지금 나의 마음은 어떤가요?

20   년

1월   2월   3월   4월   5월   6월   7월   8월   9월   10월   11월   12월

1   2   3   4   5   6   7   8   9   10   11   12   13   14   15

16   17   18   19   20   21   22   23   24   25   26   27   28   29   30/31

월   화   수   목   금   토   일

맑음   구름   비   눈   갬   안개   바람

'응무소주應無所住 이생기심而生其心'
그 도리를 깨치기만 하면
처처가 불법이요 매사가 수행이며
만나는 사람 모두가 부처입니다.
법은 깊은 산속 절에 있는 것도 아니며
방대한 팔만대장경 안에 있는 것도 아닙니다.
내가 지금 몸담은 현실 속에
매일매일 부딪치며 살아가는
사람들 속에 있습니다.

34일

【마음나누기】 필사를 마친 지금 나의 마음은 어떤가요?

20   년

1월 2월 3월 4월 5월 6월 7월 8월 9월 10월 11월 12월

1 2 3 4 5 6 7 8 9 10 11 12 13 14 15

16 17 18 19 20 21 22 23 24 25 26 27 28 29 30/31

월 화 수 목 금 토 일

맑음 구름 비 눈 갬 안개 바람

깨달음의 참된 기쁨을 얻고 나면
자연히 지금 내 옆에서 괴로워하는 사람
힘들어하는 사람, 헤매는 사람이 눈에 들어옵니다.
괴롭던 내 마음을 돌이켜 보면
그의 마음이 충분히 이해가 되고,
내가 달라진 경험에 비추어 보면
저 사람도 분명히 좋아지리라는 것을 알기 때문에
부처님 법을 전하고 싶은 마음이 저절로 일어납니다.
지금 내가 누리는 평화와 기쁨을
함께 나누고 싶은 마음입니다.

35일

【마음나누기】 필사를 마친 지금 나의 마음은 어떤가요?

20   년

1월 2월 3월 4월 5월 6월 7월 8월 9월 10월 11월 12월

1   2   3   4   5   6   7   8   9   10 11 12 13 14 15

16 17 18 19 20 21 22 23 24 25 26 27 28 29 30/31

월 화 수 목 금 토 일

맑음 구름 비 눈 갬 안개 바람

부처님 말씀을 수지 독송해
그 가르침대로 생각하고 행동하며
살아가는 사람이 있다면
그가 있는 그 자리가 바로
불법승佛法僧 삼보三寶가
함께하는 위대한 자리입니다.

36일

【마음나누기】 필사를 마친 지금 나의 마음은 어떤가요?

20   년

1월 2월 3월 4월 5월 6월 7월 8월 9월 10월 11월 12월

1 2 3 4 5 6 7 8 9 10 11 12 13 14 15
16 17 18 19 20 21 22 23 24 25 26 27 28 29 30/31

월 화 수 목 금 토 일

맑음 구름 비 눈 갬 안개 바람

집착을 버리고 머무르는 바 없는 마음을 내라는 것이
금강경의 핵심입니다.
머무름 없이 마음을 내는 이치를 깨치지 못한다면
그는 금강경을 진실로 수지 독송한 사람이 아닙니다.
미워하고 원망하고 슬프고 외로운 마음으로
괴로워하던 사람이 금강경을 읽고는
'이 마음은 다 꿈같은 것이다' 하고
깨닫게 되었다면 그것이 '독讀'입니다.
그런데 아무리 열심히 경전을 읽고 깨쳤어도
책장을 덮고 돌아서면 잊어버리기 십상입니다.
또 경전을 외워 가르침을 가슴에 새기고
돌이키며 실천하는 것을 '송誦'이라고 합니다.
그래서 수지 독송이라 말합니다.

37일

【마음나누기】 필사를 마친 지금 나의 마음은 어떤가요?

20   년

1월 2월 3월 4월 5월 6월 7월 8월 9월 10월 11월 12월

1   2   3   4   5   6   7   8   9   10 11 12 13 14 15
16 17 18 19 20 21 22 23 24 25 26 27 28 29 30/31

월   화   수   목   금   토   일

맑음 구름 비 눈 갬 안개 바람

상이 있는 것은 다 허망하니
만일 모든 상이 상이 아님을 본다면
곧 여래를 보는 것이라 했습니다.
여기서 상이란
단순히 눈에 보이는 것만을 가리키지는 않습니다.
우리 마음속의 고정된 생각과 집착
심지어 법에 대한 집착
경전에 대한 집착도 다 상입니다.
진실로 머무르는 바 없이
있는 그대로를 응대할 수 있다면
보이는 것과 들리는 것
냄새 맡아지는 것과 맛보아지는 것
손끝에 느껴지는 감촉까지
다 불법이고 부처님입니다.

38일

【마음나누기】 필사를 마친 지금 나의 마음은 어떤가요?

20   년

1월   2월   3월   4월   5월   6월   7월   8월   9월   10월   11월   12월

1   2   3   4   5   6   7   8   9   10   11   12   13   14   15

16   17   18   19   20   21   22   23   24   25   26   27   28   29   30/31

월   화   수   목   금   토   일

맑음   구름   비   눈   갬   안개   바람

모든 상을 여의는 것이 반야바라밀인데
반야바라밀이라는 이름으로 상을 취한다면
그것은 이미 반야바라밀이 아니기 때문입니다. (…)
깨달음은 체험을 통해서만 얻을 수 있지
말이나 글로 설명을 들어서
얻을 수 있는게 아닙니다.
부처님의 설법은
그런 한계를 극복해 나가도록 한
최상의 언어 표현입니다.
그러나 아무리 최상의 표현이라 해도
그것에 대한 상마저도 끊어 버리는 것이
바른 도리에 접근하는 것임을
또한 잊지 말기 바랍니다.

39일

【마음나누기】 필사를 마친 지금 나의 마음은 어떤가요?

20   년

1월 2월 3월 4월 5월 6월 7월 8월 9월 10월 11월 12월

1 2 3 4 5 6 7 8 9 10 11 12 13 14 15

16 17 18 19 20 21 22 23 24 25 26 27 28 29 30/31

월 화 수 목 금 토 일

맑음 구름 비 눈 갬 안개 바람

자기 스스로 이치를 깨닫고
다른 사람이 깨달을 수 있도록 돕는 공덕은
그 끝을 도저히 알 수 없습니다.
부처가 어디 따로 있는 게 아닙니다.
괴로움에서 벗어나는 것을
이름하여 부처라고 할 뿐입니다.
괴로움에서 벗어나는 것은
모든 중생이 다 원하는 바입니다.
이는 출가한 스님만이 할 수 있는 보살행이 아니라
누구나가 할 수 있는 보살행입니다.

40일

【마음나누기】 필사를 마친 지금 나의 마음은 어떤가요?

20_____년

1월 2월 3월 4월 5월 6월 7월 8월 9월 10월 11월 12월

1 2 3 4 5 6 7 8 9 10 11 12 13 14 15
16 17 18 19 20 21 22 23 24 25 26 27 28 29 30/31

월 화 수 목 금 토 일

맑음 구름 비 눈 갬 안개 바람

시비 분별을 끊고 아집을 타파해
모든 번뇌가 사라졌다 해도
실상이라는 또 하나의 상에 이끌린다면
그는 또 다시 법을 고집하는 어리석음
법집法執의 수렁에 빠지고 맙니다.
허상이라는 실체와 실상이라는 실체가
따로 존재하는 게 아닙니다.
허상을 떠난 실상이 별도로 있지 않습니다.
'이것이 사실이다' '이것이 현실이다' 하고 알던 그것이
실은 허망한 것이고 꿈같은 것이고
아지랑이 같은 것이고 헛것이라는 사실을 깨달으면
그것이 바로 실상을 보는 것이고
실상을 깨닫는 것입니다.

41일

【마음나누기】 필사를 마친 지금 나의 마음은 어떤가요?

20   년

1월 2월 3월 4월 5월 6월 7월 8월 9월 10월 11월 12월

1 2 3 4 5 6 7 8 9 10 11 12 13 14 15
16 17 18 19 20 21 22 23 24 25 26 27 28 29 30/31

월 화 수 목 금 토 일

맑음 구름 비 눈 갬 안개 바람

번뇌가 번뇌인 줄 알면 그것이 보리입니다.
번뇌가 번뇌인 줄 아는 것은
번뇌가 다만 자기 망상임을 깨닫는 것입니다.
번뇌가 다만 망상인 줄 아는 것은
꿈을 깨는 것과 같고
꿈을 깨면 그것이 헛것이고
집착할 바가 아닌 줄 저절로 알게 됩니다.
그러면 번뇌는 더 이상 나를 괴롭힐 수 없습니다.
그것이 바로 보리입니다.

42일

【마음나누기】 필사를 마친 지금 나의 마음은 어떤가요?

20   년

1월 2월 3월 4월 5월 6월 7월 8월 9월 10월 11월 12월

1 2 3 4 5 6 7 8 9 10 11 12 13 14 15

16 17 18 19 20 21 22 23 24 25 26 27 28 29 30/31

월 화 수 목 금 토 일

맑음 구름 비 눈 갬 안개 바람

지고한 평화와 행복에 이르려면
화 자체가 생겨나지 않아야 합니다.
화가 나는 마음의 근본을 살펴보면
거기에는 반드시 '나다!' 하는 아상이 버티고 있습니다.
무슨 일로든 화가 잔뜩 났을 때의 자신을 돌이켜 보면
그때의 내 마음은
'내가 옳다' '상대가 잘못했다'는
생각으로 가득 차 있습니다.
또 남을 탓하는 것뿐만 아니라
'나는 왜 이 모양일까?' 하고 자책하고
스스로를 탓하며 화내는 것 역시
'나는 남보다 잘나야 한다'는
아상에서 비롯된 태도입니다.

43일

【마음나누기】 필사를 마친 지금 나의 마음은 어떤가요?

20   년

1월 2월 3월 4월 5월 6월 7월 8월 9월 10월 11월 12월

1 2 3 4 5 6 7 8 9 10 11 12 13 14 15

16 17 18 19 20 21 22 23 24 25 26 27 28 29 30/31

월 화 수 목 금 토 일

맑음 구름 비 눈 갬 안개 바람

인욕바라밀이란
참아야 하는 일을 참아 내는 것이 아니라
본래 참을 것이 없음을 아는 도리입니다.
사상을 여의고
사구게의 가르침을 깨달아 아는 사람이라면
참을 것이 본래 없는 인욕바라밀에 이르게 됩니다.
아상에 매달린 사람들이 보기에는
'저 사람은 저런 경우에도 화 한 번 안 내고
잘도 참는구나!' 하고 감탄하겠지만
아상을 떠난 사람은 정작
아무것도 참는 바가 없습니다.

44일

【마음나누기】 필사를 마친 지금 나의 마음은 어떤가요?

20   년

1월 2월 3월 4월 5월 6월 7월 8월 9월 10월 11월 12월

1   2   3   4   5   6   7   8   9   10   11   12   13   14   15

16 17 18 19 20 21 22 23 24 25 26 27 28 29 30/31

월 화 수 목 금 토 일

맑음 구름 비 눈 갬 안개 바람

보살에게는 나니 남이니 하는 구분이 없습니다.
나와 남의 구분이 없는 경지에서 보면
무슨 일을 해도 그것은 모두
자기 자신을 위한 당연한 행위입니다.
다만 나와 남을 구분하기에 바쁜 범부 중생의 눈에
'보살은 자기를 희생하고
남을 위해 보시를 행한다'고 보일 뿐입니다.
왼손에 상처가 나면 오른손이 그 상처를 치료합니다.
오른손은 왼손을 치료하면서 남을 위해
희생한다든가 보시한다는 생각을 하지 않습니다.
그 둘은 본래 한 몸이므로
오른손은 왼손의 아픔을 함께합니다.
보살이 중생의 고통을 치유하는 마음도 그와 같습니다.

45일

【마음나누기】 필사를 마친 지금 나의 마음은 어떤가요?

20   년

1월 2월 3월 4월 5월 6월 7월 8월 9월 10월 11월 12월

1 2 3 4 5 6 7 8 9 10 11 12 13 14 15

16 17 18 19 20 21 22 23 24 25 26 27 28 29 30/31

월 화 수 목 금 토 일

맑음 구름 비 눈 갬 안개 바람

중생은 매사를 자기 식으로
자기 입장에서 바라봅니다.
이렇게 세상 사람 각자가
자기 관점을 고집하다 보니
갈등이 생기고 싸움이 일어날 수밖에 없습니다.
내 고집과 내 생각에 갇힌 채로
세상을 보고 있었음을 깨우쳐야 합니다.
그래야 '그 사람은 그럴 수도 있었겠구나' 하는
이해와 참회의 마음이 일어납니다.
내가 옳다는 상을 내려놓으면
상대의 생각과 입장이 눈에 들어오고
상대의 생각과 상황을 이해하면
그것이 바로 상에서 벗어나는 길입니다.

46일

【마음나누기】 필사를 마친 지금 나의 마음은 어떤가요?

20   년

1월 2월 3월 4월 5월 6월 7월 8월 9월 10월 11월 12월

1 2 3 4 5 6 7 8 9 10 11 12 13 14 15
16 17 18 19 20 21 22 23 24 25 26 27 28 29 30/31

월 화 수 목 금 토 일

맑음 구름 비 눈 갬 안개 바람

어디에도 집착함이 없는 사람은
보시를 해도 바라는 마음이 없고
계를 지켜도 계율에 매달리지 않고
인욕을 해도 참는 마음이 없습니다.
부처라는 상이든 법이라는 상이든
그 어떤 상이든지 상을 짓는 사람은
윤회의 세계를 벗어날 수 없습니다.
상을 여읜 사람만이
해탈의 길, 깨달음의 길로 나아갈 수 있습니다.

47일

【마음나누기】 필사를 마친 지금 나의 마음은 어떤가요?

20   년

1월 2월 3월 4월 5월 6월 7월 8월 9월 10월 11월 12월

1 2 3 4 5 6 7 8 9 10 11 12 13 14 15
16 17 18 19 20 21 22 23 24 25 26 27 28 29 30/31

월 화 수 목 금 토 일

맑음 구름 비 눈 갬 안개 바람

남을 이해하는 것은 그를 위하는 일인 것 같지만
사실은 나 자신에게 가장 큰 이익이 됩니다.
남을 미워하는 것은 그를 해치는 일인 것 같지만
미워하는 마음으로 괴로운 사람은 나 자신이고
결국 나에게 더 큰 해악이 됩니다.
나를 이롭게 하기 위해 남을 해치는 것이
부처님의 가르침이 아니듯이
남을 이롭게 하기 위해 나를 해치는 것도
부처님의 가르침이 아닙니다.
나에게 이로운 일이 남에게도 이로운 일이고
남을 살리는 일이 나를 살리는 일이기도 합니다.

48일

【마음나누기】 필사를 마친 지금 나의 마음은 어떤가요?

20   년

1월 2월 3월 4월 5월 6월 7월 8월 9월 10월 11월 12월

1 2 3 4 5 6 7 8 9 10 11 12 13 14 15
16 17 18 19 20 21 22 23 24 25 26 27 28 29 30/31

월 화 수 목 금 토 일

맑음 구름 비 눈 갬 안개 바람

금강경의 도리를 깨치는 공덕은
흔들림 없는 자유와 행복에 이르는 무루복입니다.
또한 남을 위해 법을 전한다는
상에 머무르지 않고 법을 전하는 사람 역시
무루복의 무량한 공덕을 짓는 것입니다.
보살은 나와 내 가족을 떠나
온 인류를 생각하고 온 생명을 위하는
무주상의 보살행을 실천합니다.
남을 이롭게 하고, 남을 살리고, 남을 즐겁게 하고
남을 편안하게 하는 사람이 바로 보살입니다.
세상의 복을 구하는 사람이 아니라
세상을 위해 복을 짓는 사람이 보살입니다.

49일

【마음나누기】 필사를 마친 지금 나의 마음은 어떤가요?

20   년

1월 2월 3월 4월 5월 6월 7월 8월 9월 10월 11월 12월

1   2   3   4   5   6   7   8   9   10 11 12 13 14 15
16 17 18 19 20 21 22 23 24 25 26 27 28 29 30/31

월   화   수   목   금   토   일

맑음 구름 비 눈 갬 안개 바람

사람들은 불행을 행복으로 삼고
보살심의 씨앗으로 삼는다는 게
현실과는 동떨어진 불가능한 일이라고 생각하는데
사실은 우리 삶 속에서 얼마든지 실현 가능하고
또 실제로 일어나는 일들입니다.
길을 걷다가 돌부리에 걸려 넘어졌을 때
보살은 넘어진 김에 그 돌부리를 캐내어
사람들이 다치지 않도록 치워 버립니다.
넘어져서 무릎이 깨지는 손실을
입었다고 생각하는 게 아니라
넘어짐으로써 돌을 발견했으니
그 돌을 캐낼 수 있는 기회가 생겼다고 생각합니다.

50일

【마음나누기】 필사를 마친 지금 나의 마음은 어떤가요?

20   년

1월 2월 3월 4월 5월 6월 7월 8월 9월 10월 11월 12월

1 2 3 4 5 6 7 8 9 10 11 12 13 14 15

16 17 18 19 20 21 22 23 24 25 26 27 28 29 30/31

월 화 수 목 금 토 일

맑음 구름 비 눈 갬 안개 바람

깨달음과 뉘우침과 보살행은
가장 나쁜 일을
가장 좋은 일로 만들어 버립니다.
좋은 일도 나쁜 일도
복덕도 재앙도 없는 이치가 그것입니다.
사람들은 자신이 원하는
좋은 일만 일어나는 게
부처님의 가피인 줄 압니다.
하지만 나쁜 일이라는 것이
오히려 부처님의 가피인 줄 아는
이 경지에 이르면
일체가 다 걸림 없는 자유로운 삶이 열립니다.

51일

【마음나누기】 필사를 마친 지금 나의 마음은 어떤가요?

20   년

1월 2월 3월 4월 5월 6월 7월 8월 9월 10월 11월 12월

1 2 3 4 5 6 7 8 9 10 11 12 13 14 15

16 17 18 19 20 21 22 23 24 25 26 27 28 29 30/31

월 화 수 목 금 토 일

맑음 구름 비 눈 갬 안개 바람

남이 나를 욕할 때
그게 도리어 복임을 알아야 합니다.
남이 나를 칭찬할 때
그것이 도리어 재앙이 될 수 있음을 알아야 합니다.
그것을 아는 사람은
경계에 꺼들리지 않으니
마땅히 아뇩다라삼먁삼보리를 증득하게 됩니다.

52일

【마음나누기】 필사를 마친 지금 나의 마음은 어떤가요?

20   년

1월 2월 3월 4월 5월 6월 7월 8월 9월 10월 11월 12월

1 2 3 4 5 6 7 8 9 10 11 12 13 14 15
16 17 18 19 20 21 22 23 24 25 26 27 28 29 30/31

월 화 수 목 금 토 일

맑음 구름 비 눈 갬 안개 바람

수행자는 눈앞에 다가오는 재앙을
부처님의 가피로 여깁니다.
재앙이 다가오면
그것을 그동안 진 빚을 갚는
좋은 기회로 여깁니다.
하루라도 빨리 빚을 갚을 수 있어
다행이라고 생각합니다.
이런 도리를 깨치면
설령 지옥에 있어도 희망이 있습니다.
좋은 일이든 나쁜 일이든
언제 어느 때 어떤 일이 생겨도
그 일이 나에게 온 이치를 아니
흔들림 없이 나아갈 수 있습니다.

53일

【마음나누기】 필사를 마친 지금 나의 마음은 어떤가요?

20   년

1월 2월 3월 4월 5월 6월 7월 8월 9월 10월 11월 12월

1 2 3 4 5 6 7 8 9 10 11 12 13 14 15

16 17 18 19 20 21 22 23 24 25 26 27 28 29 30/31

월 화 수 목 금 토 일

맑음 구름 비 눈 갬 안개 바람

괴로움이 없는 사람이 되겠다고
마음을 일으킨 이는
바라는 마음을 버려야 합니다.
그리고 거기서 한 걸음 더 나아가
그동안 나를 사랑해 주고
이해해 주기만을 바라던 사람들에게
이제는 내가 도와주겠다는 마음을 내야 합니다.
바라는 마음이 아니라
도와주겠다는 마음을 내면
내는 그만큼 내 괴로움이 줄어듭니다.

54일

【마음나누기】 필사를 마친 지금 나의 마음은 어떤가요?

20   년

1월 2월 3월 4월 5월 6월 7월 8월 9월 10월 11월 12월

1 2 3 4 5 6 7 8 9 10 11 12 13 14 15
16 17 18 19 20 21 22 23 24 25 26 27 28 29 30/31

월 화 수 목 금 토 일

맑음 구름 비 눈 갬 안개 바람

내 가족, 내 친구, 내 이웃을
돕겠다는 마음이 점점 커지면
그것이 바로
'일체중생을 제도하겠다'는 마음입니다.
일체중생을 제도하겠다는 마음을 내면
괴로움은 사라집니다.
행복과 자유로 가는 길은
이렇게 우리 모두에게 열려 있습니다.
이 길은 누구나 갈 수 있는 길입니다.

55일

【마음나누기】 필사를 마친 지금 나의 마음은 어떤가요?

20   년

1월   2월   3월   4월   5월   6월   7월   8월   9월   10월   11월   12월

1   2   3   4   5   6   7   8   9   10   11   12   13   14   15

16   17   18   19   20   21   22   23   24   25   26   27   28   29   30/31

월   화   수   목   금   토   일

맑음   구름   비   눈   갬   안개   바람

일체중생을 다 제도해 마쳤다 하더라도
'내가 중생을 제도했다'는 생각이 없어야 합니다.
내가 너를 도와주었다,
내가 너를 제도했다는 생각이 있으면
어떤 형태로든 보상을 바라는 마음이 일어납니다.
그것 또한 바라는 마음이므로
그런 마음으로는
괴로움과 속박에서 완전히 벗어날 수 없습니다.
일체중생을 제도하겠다고 마음을 내되
그 마음마저도 집착하지 말아야 합니다.

56일

【마음나누기】 필사를 마친 지금 나의 마음은 어떤가요?

20   년

1월 2월 3월 4월 5월 6월 7월 8월 9월 10월 11월 12월

1 2 3 4 5 6 7 8 9 10 11 12 13 14 15
16 17 18 19 20 21 22 23 24 25 26 27 28 29 30/31

월 화 수 목 금 토 일

맑음 구름 비 눈 갬 안개 바람

근본은 '내 것이란 본래 없다.
내 것이니 네 것이니 하는 구분은
다 내 생각이 지어 놓은 상'이라는 데 있습니다.
내 것이다 네 것이다, 깨끗하다 더럽다
높다 낮다, 생긴다 사라진다
만법이 다 생각 따라 마음 따라 일어납니다.
이런 이치를 깨닫고 집착을 버릴 수만 있다면
마음은 금세 편안해집니다.
그 실상을 깨친 자리에는
일체 번뇌가 자리할 수 없습니다.

57일

【마음나누기】 필사를 마친 지금 나의 마음은 어떤가요?

20   년

1월 2월 3월 4월 5월 6월 7월 8월 9월 10월 11월 12월

1 2 3 4 5 6 7 8 9 10 11 12 13 14 15
16 17 18 19 20 21 22 23 24 25 26 27 28 29 30/31

월 화 수 목 금 토 일

맑음 구름 비 눈 갬 안개 바람

무엇에도 정해진 법이 없음을 깨치면
내 안에 들끓던 짜증도 화도 미움도 사라집니다.
화나고 짜증나고 미워하는 마음은 모두
'내가 옳다'는 생각에서 나오기 때문입니다.
옳고 그름이 따로 정해져 있지 않음을 알면
짜증도 미움도 화나는 마음도 사라지고
세상 모든 모습이 있는 그대로 눈에 들어옵니다.

58일

【마음나누기】 필사를 마친 지금 나의 마음은 어떤가요?

20   년

1월 2월 3월 4월 5월 6월 7월 8월 9월 10월 11월 12월

1 2 3 4 5 6 7 8 9 10 11 12 13 14 15
16 17 18 19 20 21 22 23 24 25 26 27 28 29 30/31

월 화 수 목 금 토 일

맑음 구름 비 눈 갬 안개 바람

내가 깨달음을 얻었더라도
그 깨달음에 집착한다면
그것은 이미 깨달음이 아닙니다.
깨달음을 향해 정진하되
'이것이 깨달음이다!'
'내가 깨달음을 얻었다!'는 생각에
사로잡히지 않아야 하고
일체중생을 제도하는 삶을 살되
중생이라는 상을 짓지 않아야 하며
쉼 없이 정토를 장엄하되
장엄에 사로잡히는 것을 경계해야 합니다.
이것이 어떤 상에도 머무르지 않는 구경무아입니다.

59일

【마음나누기】 필사를 마친 지금 나의 마음은 어떤가요?

20   년

1월 2월 3월 4월 5월 6월 7월 8월 9월 10월 11월 12월

1 2 3 4 5 6 7 8 9 10 11 12 13 14 15
16 17 18 19 20 21 22 23 24 25 26 27 28 29 30/31

월 화 수 목 금 토 일

맑음 구름 비 눈 갬 안개 바람

부처님은 육안, 천안, 혜안, 법안, 불안을
모두 하나로 보았습니다.
그래서 그 마음 깨달으면 부처요
그 마음이 자비하면 보살이요
그 마음이 청정하면 성문, 연각이요
그 마음이 선량하면 천인이요
그 마음이 정직하면 인간이요
그 마음이 성내고 짜증내면 아수라요
그 마음이 어리석으면 축생이요
그 마음이 탐욕에 휩싸이면 아귀요
그 마음이 번뇌 망상에 찌들어 있으면
지옥이라 했습니다.

60일

【마음나누기】 필사를 마친 지금 나의 마음은 어떤가요?

20   년

1월 2월 3월 4월 5월 6월 7월 8월 9월 10월 11월 12월

1   2   3   4   5   6   7   8   9   10   11   12   13   14   15

16 17 18 19 20 21 22 23 24 25 26 27 28 29 30/31

월 화 수 목 금 토 일

맑음 구름 비 눈 갬 안개 바람

중요한 것은 언제나 현재입니다.
지나간 과거도
아직 오지 않은 미래도
지금 이 순간 존재하지 않습니다.
한눈팔 틈 없이 집중해야 하는 시간은
미래도 과거도 아닌
바로 현재입니다.

61일

【마음나누기】 필사를 마친 지금 나의 마음은 어떤가요?

20   년

1월 2월 3월 4월 5월 6월 7월 8월 9월 10월 11월 12월

1   2   3   4   5   6   7   8   9   10   11   12   13   14   15
16 17 18 19 20 21 22 23 24 25 26 27 28 29 30/31

월 화 수 목 금 토 일

맑음 구름 비 눈 갬 안개 바람

마음은 매 순간 끊임없이 일어났다 사라집니다.
'이것이 마음이다' 하고 내놓을 만한 실체는
어디에도 없습니다.
우리가 마음이라고 부르는 그것은
사실 내 속에서 순간순간 일어나는
분별을 일컫는 다른 이름입니다.
지금 나에게 일어나는
두렵다, 슬프다, 외롭다 하는 갖가지 괴로움은
스스로가 만든 번뇌일 뿐입니다.
일체유심조一切唯心造.
이 모든 게 다 내 마음이 지어내는 일입니다.

62일

【마음나누기】 필사를 마친 지금 나의 마음은 어떤가요?

20   년

1월 2월 3월 4월 5월 6월 7월 8월 9월 10월 11월 12월

1   2   3   4   5   6   7   8   9   10   11   12   13   14   15

16 17 18 19 20 21 22 23 24 25 26 27 28 29 30/31

월 화 수 목 금 토 일

맑음 구름 비 눈 갬 안개 바람

내가 어떤 마음으로 임하느냐에 따라
온갖 것이 다 복이 되기도 하고
온갖 것이 다 재앙이 되기도 합니다.
중생심으로 보는 이에게는 재앙이 되고
불보살의 마음으로 대하는 이에게는 복이 됩니다.
복이라고 할 성질이 없으므로
인연 따라 세상 모든 일이 다 복이 될 수 있습니다.
이렇게 본래 복덕이라고 할 것이 없으므로
오히려 복덕이 많다고 하는 것입니다.

63일

【마음나누기】 필사를 마친 지금 나의 마음은 어떤가요?

20   년

1월   2월   3월   4월   5월   6월   7월   8월   9월   10월   11월   12월

1   2   3   4   5   6   7   8   9   10   11   12   13   14   15

16   17   18   19   20   21   22   23   24   25   26   27   28   29   30/31

월   화   수   목   금   토   일

맑음   구름   비   눈   갬   안개   바람

베풀려는 마음을 내는 사람에게는
소원이 성취되어도 좋은 일이고
성취되지 않더라도 아무 문제가 되지 않습니다.
베풀 수 있는 조건이 되면
베풀어서 좋고
베풀 만한 조건이 되지 못하면
나중에 그럴 능력이 생겼을 때 베풀면 되니까요.

64일

【마음나누기】 필사를 마친 지금 나의 마음은 어떤가요?

20   년

1월 2월 3월 4월 5월 6월 7월 8월 9월 10월 11월 12월

1 2 3 4 5 6 7 8 9 10 11 12 13 14 15
16 17 18 19 20 21 22 23 24 25 26 27 28 29 30/31

월 화 수 목 금 토 일

맑음 구름 비 눈 갬 안개 바람

욕망의 사슬을 끊어야 합니다.
욕망의 사슬을 끊기에
특별히 더 쉽거나
더 힘든 지점이 있는 게 아닙니다.
어디에서든 욕망에 사로잡힌
나를 자각한 순간
그 자리에서 멈추어야 합니다.
더 이상 미래의 일로 미루지 말고
지금 즉시 탁 놓아 버려야 합니다.
그것이 현명한 사람의 길입니다.

65일

【마음나누기】 필사를 마친 지금 나의 마음은 어떤가요?

20   년

1월 2월 3월 4월 5월 6월 7월 8월 9월 10월 11월 12월

1 2 3 4 5 6 7 8 9 10 11 12 13 14 15

16 17 18 19 20 21 22 23 24 25 26 27 28 29 30/31

월 화 수 목 금 토 일

맑음 구름 비 눈 갬 안개 바람

만약 더러움의 씨앗, 깨끗함의 씨앗이 존재한다면
더러움은 언제나 더러움에만 머물러야 하고
깨끗함은 늘 깨끗함으로 남아 있어야 합니다.
그러나 실상은 더럽다고 할 본질도
깨끗하다고 할 본질도 없습니다. (…)
갖가지 관념의 벽, 분별의 다리가 끊어질 때만이
맑고 투명한 지혜의 눈이 열리고
비로소 그때 진정한 여래의 모습을 보게 됩니다.
여래는 지혜의 눈으로 보는
존재의 참모습이기 때문입니다.

66일

【마음나누기】 필사를 마친 지금 나의 마음은 어떤가요?

20   년

1월 2월 3월 4월 5월 6월 7월 8월 9월 10월 11월 12월

1 2 3 4 5 6 7 8 9 10 11 12 13 14 15

16 17 18 19 20 21 22 23 24 25 26 27 28 29 30/31

월 화 수 목 금 토 일

맑음 구름 비 눈 갬 안개 바람

법은 인연 따라 설해지므로
그 하나하나가 다 진실합니다.
중생의 미망은
제각기 다른 상황과 조건 속에서 일어나므로
그것을 타파하기 위해서는
제각기 다른 그 원인을 해결해서
바로잡아야 합니다.
그런 인연법을 무시하고
문자와 형상에만 집착한다면
부처님 법은 이미 거기에 없습니다.
부처님은 '이것이 진리'라고 주장하지 않고
다만 그 순간에 괴로움의 원인인
집착과 미혹을 부서뜨려 줄 뿐입니다.

67일

【마음나누기】 필사를 마친 지금 나의 마음은 어떤가요?

20   년

1월 2월 3월 4월 5월 6월 7월 8월 9월 10월 11월 12월

1   2   3   4   5   6   7   8   9   10 11 12 13 14 15
16 17 18 19 20 21 22 23 24 25 26 27 28 29 30/31

월 화 수 목 금 토 일

맑음 구름 비 눈 갬 안개 바람

우리는 본래 고칠 것이 없으되
얼마든지 모습을 바꾸어 나갈 수 있습니다.
배우자에게 맞추고 자식에게 맞추어 가며
그들과 맞지 않는 부분을 고치는 일에
주저하지 않을 수 있습니다.
그러다 상황이 바뀌어
고쳤던 부분을 다시 바꿔야 할 때가 오면
달라진 상황에 맞추어 다시 바꾸어 나가는 것
이것이 인연에 따라 자신을 맞추는 도리입니다.

68일

【마음나누기】 필사를 마친 지금 나의 마음은 어떤가요?

20   년

1월 2월 3월 4월 5월 6월 7월 8월 9월 10월 11월 12월

1 2 3 4 5 6 7 8 9 10 11 12 13 14 15

16 17 18 19 20 21 22 23 24 25 26 27 28 29 30/31

월 화 수 목 금 토 일

맑음 구름 비 눈 갬 안개 바람

부처님께서 일체 법을 말씀하신 것은
일체 마음을 제도키 위함이니
일체 마음이 공하면
일체 설법도 없는 것이니라.
지어서 짐짓 없는 것이 아니라
본성이 없는 연고니라.
그런 고로 법을 가히 설할 것 없는 것이라
이름이 설법이니라.

69일

【마음나누기】 필사를 마친 지금 나의 마음은 어떤가요?

20   년

1월 2월 3월 4월 5월 6월 7월 8월 9월 10월 11월 12월

1 2 3 4 5 6 7 8 9 10 11 12 13 14 15

16 17 18 19 20 21 22 23 24 25 26 27 28 29 30/31

월 화 수 목 금 토 일

맑음 구름 비 눈 갬 안개 바람

중생이라고 부르지만
실은 중생이 따로 있지 않으니
지금 그 이름이 다만 중생일 뿐입니다.
한 생각 어리석게 내면 중생이라 부르고
어리석은 생각을 내려놓으면 부처라고 부를 뿐
본래 중생과 부처가 따로 있지 않습니다.
이것이 비설소설非說所說
설할 법이 없는 실상입니다.

70일

【마음나누기】 필사를 마친 지금 나의 마음은 어떤가요?

20   년

1월 2월 3월 4월 5월 6월 7월 8월 9월 10월 11월 12월

1 2 3 4 5 6 7 8 9 10 11 12 13 14 15
16 17 18 19 20 21 22 23 24 25 26 27 28 29 30/31

월 화 수 목 금 토 일

맑음 구름 비 눈 갬 안개 바람

설령 부처님이 말씀하신 것을 기록했다 하더라도
거기에 맹목적인 절대성을 부여하는 것은
진리로 가는 길이 아닙니다.
'법을 말한다는 것은 법을 가히 말할 수 없는지라
이 이름이 법을 말함'이라는 말은
언뜻 들어 보면 말장난같이 느껴지겠지만
조금만 깊이 생각해 보면
그 속에 심오한 뜻이 담겨 있음을 알게 됩니다.
부처님은 자신의 말조차도
고정불변의 진리로 절대화하면
안 된다는 것을 밝힘으로써
진리는 언제나 살아 숨 쉬는 것임을 강조하셨습니다.

71일

【마음나누기】 필사를 마친 지금 나의 마음은 어떤가요?

20   년

1월 2월 3월 4월 5월 6월 7월 8월 9월 10월 11월 12월

1   2   3   4   5   6   7   8   9   10 11 12 13 14 15
16 17 18 19 20 21 22 23 24 25 26 27 28 29 30/31

월 화 수 목 금 토 일

맑음 구름 비 눈 갬 안개 바람

본래 중생의 본성이 있는 것은 아니되
지금 이 순간 어리석은 생각에 사로잡히면
중생이라고 부릅니다.
중생이라고 부르지만
중생의 본질을 품고 있는 게 아니라
지금 마음이 어리석어 중생 노릇을 하므로
그 이름이 중생일 뿐입니다.
한 생각에 사로잡혀 있으므로 중생이고
한 생각 돌이키면 그는 이미 부처입니다.
마음이 깨달으면 부처요
마음이 어리석으면 중생입니다.
중생과 부처가 따로 있지 않으니
다 일심一心에서 일어나는 모습입니다.

72일

【마음나누기】 필사를 마친 지금 나의 마음은 어떤가요?

20   년

1월 2월 3월 4월 5월 6월 7월 8월 9월 10월 11월 12월

1   2   3   4   5   6   7   8   9   10 11 12 13 14 15

16 17 18 19 20 21 22 23 24 25 26 27 28 29 30/31

월   화   수   목   금   토   일

맑음 구름 비 눈 갬 안개 바람

나무는 부지런히 광합성 작용을 해서
신선한 산소를 만들어 내면서도
뭇 생명이 그 산소로 숨 쉬는 걸 보고
내가 산소를 만들어 줬다고 자랑하지 않습니다.
준다는 것도 받는다는 것도
다 우리의 생각, 고정관념입니다.
실상에서는 주는 것도 받는 것도 없습니다.
태양은 다만 햇빛을 비추고
물은 다만 흘러내리며
나무는 다만 광합성을 할 뿐이니
거기에는 주고받는다는 말조차 필요 없습니다.

73일

【마음나누기】 필사를 마친 지금 나의 마음은 어떤가요?

20   년

1월 2월 3월 4월 5월 6월 7월 8월 9월 10월 11월 12월

1 2 3 4 5 6 7 8 9 10 11 12 13 14 15
16 17 18 19 20 21 22 23 24 25 26 27 28 29 30/31

월 화 수 목 금 토 일

맑음 구름 비 눈 갬 안개 바람

어느 것도 정해져 있지 않은 도리를 깨닫는
그 자체가 무유정법입니다.
무엇이라 정해져 있지 않은
그 도리를 만나는 순간
'법을 깨달았다, 깨달음을 얻었다'고 이름합니다.
만일 내가 한 법도 정해져 있지 않음을 알고
나라는 고집을 완전히 버린다면
나는 그 무엇도 정해진 바가 없는 까닭에
오히려 무엇이든지 될 수 있습니다.
텅 빈 그릇에는
무엇이든 담을 수 있는 것과 같은 이치입니다.

74일

【마음나누기】 필사를 마친 지금 나의 마음은 어떤가요?

20   년

1월 2월 3월 4월 5월 6월 7월 8월 9월 10월 11월 12월

1 2 3 4 5 6 7 8 9 10 11 12 13 14 15
16 17 18 19 20 21 22 23 24 25 26 27 28 29 30/31

월 화 수 목 금 토 일

맑음 구름 비 눈 갬 안개 바람

내가 처한 조건에서 나를 고집하지 않고
상대의 입장에서 생각하고
이해하는 그 마음이
아상을 소멸해 가는 수행입니다.
이것이 부처의 법이며
금강경에서 설하는 가르침의 요체입니다.
누구의 눈치도 보지 않고
당당한 삶을 살아가되
나를 고집해 잘났다거나 못났다는
생각에 사로잡히는
어리석은 분별에서 벗어나야 합니다.

75일

【마음나누기】 필사를 마친 지금 나의 마음은 어떤가요?

20   년

1월 2월 3월 4월 5월 6월 7월 8월 9월 10월 11월 12월

1 2 3 4 5 6 7 8 9 10 11 12 13 14 15
16 17 18 19 20 21 22 23 24 25 26 27 28 29 30/31

월 화 수 목 금 토 일

맑음 구름 비 눈 갬 안개 바람

지금 우리 모두는
자기 나름대로의 수행을 진전시킬 수 있는
최고의 여건 속에 살고 있습니다.
세속을 떠난 고요한 산속에서
도를 깨치는 사람도 있지만
온갖 경계에 부딪쳐야 하는 세속의 삶이
오히려 수행에 유리한 환경일 수도 있습니다.
끊임없이 부딪치고 나를 고집하고
경계에 휘둘리는 일상의 순간순간을 포착해
거기에 반응하는 내 일거수일투족을
알아차리고 마음의 뿌리를 찾아간다면
부처님 가르침을 따르는
부처님의 참된 제자라고 할 수 있습니다.

76일

【마음나누기】 필사를 마친 지금 나의 마음은 어떤가요?

20   년

1월 2월 3월 4월 5월 6월 7월 8월 9월 10월 11월 12월

1 2 3 4 5 6 7 8 9 10 11 12 13 14 15

16 17 18 19 20 21 22 23 24 25 26 27 28 29 30/31

월 화 수 목 금 토 일

맑음 구름 비 눈 갬 안개 바람

깨끗한 마음이라 해서
더러움과 깨끗함이 따로 있는 속에서
더러움을 버리고
깨끗함을 취한다는 뜻이 아닙니다.
깨끗한 마음이란
더럽고 깨끗함의 구별이 본래 없는 줄을 알고
아무 분별을 일으키지 않는 마음입니다.

77일

【마음나누기】 필사를 마친 지금 나의 마음은 어떤가요?

20   년

1월 2월 3월 4월 5월 6월 7월 8월 9월 10월 11월 12월

1   2   3   4   5   6   7   8   9   10   11   12   13   14   15

16 17 18 19 20 21 22 23 24 25   26   27   28   29   30/31

월 화 수 목 금 토 일

맑음 구름 비 눈 갬 안개 바람

금강경 한 구절을 읽고
제법이 다 공함에 눈을 뜨면
그 즉시 내 삶은 달라집니다.
일체가 다 공함으로
몸은 그대로 몸일 뿐이지
본래 더러운 것도 아니고
깨끗한 것도 아닙니다.
그러니 그 누구도 더럽힐 수 없고
누구도 깨끗하게 만들 수 없습니다.
더러움도 없고 깨끗함도 없는
참모습을 보는 거기에 청정함이 있으니
이 몸의 실상은 한순간도
청정하지 않을 때가 없습니다.

78일

【마음나누기】 필사를 마친 지금 나의 마음은 어떤가요?

20   년

1월 2월 3월 4월 5월 6월 7월 8월 9월 10월 11월 12월

1 2 3 4 5 6 7 8 9 10 11 12 13 14 15

16 17 18 19 20 21 22 23 24 25 26 27 28 29 30/31

월 화 수 목 금 토 일

맑음 구름 비 눈 갬 안개 바람

상을 가진 모든 것이 다 허망한 줄을 깨치면
나는 바로 지금 이 자리에서
순결무구한 보살이고 부처입니다.
때 묻은 더러움과 때 묻지 않은 깨끗함
깨달은 부처와 어리석은 중생이
둘 아닌 이치가 그것입니다.
아무것도 내 삶에 장애가 되지 않습니다.
어떤 것도 내 삶에 흠집이 되지 않습니다.
이제까지 살아온 내 모습과
처지와 조건을 바꾸어서가 아니라
지금 이 모습 이 조건 그대로
지금 바로 이 자리에서
해탈의 길로 나아갈 수 있습니다.

79일

【마음나누기】 필사를 마친 지금 나의 마음은 어떤가요?

20   년

1월 2월 3월 4월 5월 6월 7월 8월 9월 10월 11월 12월

1 2 3 4 5 6 7 8 9 10 11 12 13 14 15

16 17 18 19 20 21 22 23 24 25 26 27 28 29 30/31

월 화 수 목 금 토 일

맑음 구름 비 눈 갬 안개 바람

태양이 온 세상을 비추어 살리듯이
물이 만물의 생명을 북돋우듯이
공기가 생명을 숨 쉬게 하듯이
중생을 교화하되
교화한다는 생각이 없는 행
무언가를 이루기 위해
한다는 생각이 없는 행이 무위의 행
함이 없는 행입니다.

80일

【마음나누기】 필사를 마친 지금 나의 마음은 어떤가요?

20   년

1월 2월 3월 4월 5월 6월 7월 8월 9월 10월 11월 12월

1 2 3 4 5 6 7 8 9 10 11 12 13 14 15

16 17 18 19 20 21 22 23 24 25 26 27 28 29 30/31

월 화 수 목 금 토 일

맑음 구름 비 눈 갬 안개 바람

이 세상에 저절로 일어나는 일은 없습니다.
단지 내가 그 일의 원인을 모를 뿐입니다.
모든 일은 신의 뜻도 아니고
전생 때문도 아니고
우연히 일어난 일도 아닙니다.
그러니 내가 처한 상황이나 사건이
나와 관련되어 있음을 인정하고
내가 마땅히 겪어야 하는 일이라고
있는 그대로 받아들이는 마음가짐이
공부의 시작입니다.

81일

【마음나누기】 필사를 마친 지금 나의 마음은 어떤가요?

20   년

1월 2월 3월 4월 5월 6월 7월 8월 9월 10월 11월 12월

1 2 3 4 5 6 7 8 9 10 11 12 13 14 15
16 17 18 19 20 21 22 23 24 25 26 27 28 29 30/31

월 화 수 목 금 토 일

맑음 구름 비 눈 갬 안개 바람

살아 있는 목숨을 해치지 않는다.
주지 않는 남의 물건을 가지지 않는다.
거짓말하지 않는다.
삿된 음행을 하지 않는다.
중독성 물질을 섭취하지 않는다.
이것이 오계입니다.
언뜻 보면 단순하고 당연해 보이지만
그 안에 담긴 원리는 단순하지만은 않습니다.
인생을 살면서 겪게 되는 숱한 괴로움으로부터
자유로워지기 위한 최소한의 다짐
더 이상 어리석은 인연을 짓지 않겠다는 다짐입니다.
그래서 계율을 착실히 지키는 수행이 중요합니다.

82일

【마음나누기】 필사를 마친 지금 나의 마음은 어떤가요?

20   년

1월 2월 3월 4월 5월 6월 7월 8월 9월 10월 11월 12월

1 2 3 4 5 6 7 8 9 10 11 12 13 14 15

16 17 18 19 20 21 22 23 24 25 26 27 28 29 30/31

월 화 수 목 금 토 일

맑음 구름 비 눈 갬 안개 바람

마음속에 바람이 불지 않도록 정진해야 합니다.
그러기 위해선 나 자신을
차분히 관찰하는 노력이 필요합니다.
고요히 살펴보면
순간순간 무수한 마음들이
일어나고 사라지는 것을 볼 수 있습니다.
화가 나고 미움이 일어나고 슬픔이 생기는
내 마음을 바라볼 수 있어야 합니다.
지금 이 순간 화를 내며 괴로워하는 사람은
다른 누가 아니라 바로 나 자신입니다.
내 화의 책임이 어디 다른 데 있는 게 아니라
나 자신에게 있습니다.

83일

【마음나누기】 필사를 마친 지금 나의 마음은 어떤가요?

20   년

1월 2월 3월 4월 5월 6월 7월 8월 9월 10월 11월 12월

1 2 3 4 5 6 7 8 9 10 11 12 13 14 15

16 17 18 19 20 21 22 23 24 25 26 27 28 29 30/31

월 화 수 목 금 토 일

맑음 구름 비 눈 갬 안개 바람

주관적인 옳고 그름의 분별이 생기면
그 분별에 따라 화가 일어나는 것입니다.
분별이 없으면 내가 옳다고 고집할 근거도
네가 그르다고 비난할 근거도 없으며
그런 마음 상태에서는
화가 일어날 여지가 없습니다.
그러니 화가 나는 이유가
내가 옳다는 생각에 있는 줄 알고
그 분별의 기준이 공한 줄을 알면
어리석은 인연의 씨앗을 뿌리는
악순환에서 벗어날 수가 있습니다.

84일

【마음나누기】 필사를 마친 지금 나의 마음은 어떤가요?

20   년

1월 2월 3월 4월 5월 6월 7월 8월 9월 10월 11월 12월

1 2 3 4 5 6 7 8 9 10 11 12 13 14 15

16 17 18 19 20 21 22 23 24 25 26 27 28 29 30/31

월 화 수 목 금 토 일

맑음 구름 비 눈 갬 안개 바람

그때그때 상황에 따라 적당한 길을 선택하면 됩니다.
연을 따라 인을 바꾸거나
인을 따라 연을 바꾸면서 살아갑니다.
하지만 근원적 관점에서 볼 때
어떤 경계에 처하더라도 과보가 일어나지 않으려면
인을 소멸시키면 됩니다.
인과 연이 결합하지 않으면 과는 일어나지 않는데
언제 어느 때건 내 의지로써 소멸시킬 수 있는 것이
인이기 때문입니다.
나라는 씨앗을 고집하지 않으면
씨앗이 씨앗으로서의 역할을 하지 못하므로
아무런 걸림도 부딪침도 갈등도 나타나지 않습니다.

85일

【마음나누기】 필사를 마친 지금 나의 마음은 어떤가요?

20   년

1월 2월 3월 4월 5월 6월 7월 8월 9월 10월 11월 12월

1 2 3 4 5 6 7 8 9 10 11 12 13 14 15

16 17 18 19 20 21 22 23 24 25 26 27 28 29 30/31

월 화 수 목 금 토 일

맑음 구름 비 눈 갬 안개 바람

나를 비워서 인을 없앤다면
어떤 연을 만나도 흔들리지 않습니다.
또한 상대의 입장에서 보면
내가 그의 연으로 작용하는 것이어서
그의 연을 텅 비워 버리는 셈이니
상대가 어떤 인을 갖고 있더라도
그 인이 발현하지 못하게 됩니다.
선연善緣이라면 증강시키고
악연惡緣이면 순화시킵니다.
그렇게 내 씨앗을 고쳐 나가는 것이 수행의 요체고
이런 수행은 주변 사람들을 모두 행복하게 합니다.
내가 행복해지는 길과 네가 행복해지는 길이
둘로 나뉘지 않고 한길에 놓여 있습니다.

86일

【마음나누기】 필사를 마친 지금 나의 마음은 어떤가요?

20   년

1월   2월   3월   4월   5월   6월   7월   8월   9월   10월   11월   12월

1   2   3   4   5   6   7   8   9   10   11   12   13   14   15

16   17   18   19   20   21   22   23   24   25   26   27   28   29   30/31

월   화   수   목   금   토   일

맑음   구름   비   눈   갬   안개   바람

인연과를 모르는 사람은
벽을 향해 던진 공이 다시 튀어 오를 거라고
예측하지 못하는 사람과 같습니다.
그런 사람은 제 손으로 공을 던져 놓고도
튕겨져 나오는 공을 보고 당황해합니다.
그러나 벽에 부딪힌 공은 반드시 튀어나오기 마련이고
그 이치를 아는 사람은
공이 튀어 돌아온다는 사실에 연연하지 않습니다.
원인을 지은 대로 결과가 따른다는 것을
아는 사람도 그와 같습니다.
결과가 지금 즉시 나타나지 않는다 해도
언젠가는 반드시 돌아오리라는 것을 알기에
의연한 태도로 결과에 연연하지 않습니다.

87일

【마음나누기】 필사를 마친 지금 나의 마음은 어떤가요?

20   년

1월 2월 3월 4월 5월 6월 7월 8월 9월 10월 11월 12월

1   2   3   4   5   6   7   8   9   10   11   12   13   14   15

16 17 18 19 20 21 22 23 24 25 26 27 28 29 30/31

월 화 수 목 금 토 일

맑음 구름 비 눈 갬 안개 바람

누구나 이루고 싶은 일이 있기 마련입니다.
그리고 무언가를 이루고자 한다 해서
그게 다 욕심인 것은 아닙니다.
바라는 바가 있으나 노력은 하지 않고
좋은 결과를 바라는 것이 욕심입니다.
또 바라는 바가 이루어지지 않았을 때
괴로운 마음에 시달린다면
그것 역시 욕심입니다.

88일

【마음나누기】 필사를 마친 지금 나의 마음은 어떤가요?

20   년

1월 2월 3월 4월 5월 6월 7월 8월 9월 10월 11월 12월

1 2 3 4 5 6 7 8 9 10 11 12 13 14 15

16 17 18 19 20 21 22 23 24 25 26 27 28 29 30/31

월 화 수 목 금 토 일

맑음 구름 비 눈 갬 안개 바람

욕심이 아니라 원願을 품은 사람은
바라는 바를 이루려고 노력하되
괴로움에 시달리지 않습니다.
이루고자 하는 것이 실패했을 때
낙담하지 않고 다시 노력하고
또 안 되면 다른 방법으로 노력하고
다만 그렇게 계속할 뿐입니다.
그러다 아무리 노력해도
되지 않는 일이라는 판단이 서면
아무 일 없었다는 듯이 툭툭 털고
다른 일을 합니다.
그 일을 이루기 위해 노력하는 과정에서 누린
즐거움과 행복으로 충분하기 때문입니다.

89일

【마음나누기】 필사를 마친 지금 나의 마음은 어떤가요?

20___년___

1월 2월 3월 4월 5월 6월 7월 8월 9월 10월 11월 12월

1 2 3 4 5 6 7 8 9 10 11 12 13 14 15

16 17 18 19 20 21 22 23 24 25 26 27 28 29 30/31

월 화 수 목 금 토 일

맑음 구름 비 눈 갬 안개 바람

부와 명예와 가족과 친구는
고통의 원인도 아니고
행복의 원인도 아닙니다.
그런데 사람들은 늘 그 속을 헤매며
한 극단과 다른 극단을 왔다 갔다 합니다.
행복의 원인이라고 했다가
그게 잘 안 되면 고통의 원인이라고 했다가
그렇게 평생을 헤매며 삽니다.
이것이라는 상이든 이것이 아니라는 상이든
그렇게 그 속을 오락가락해서는
인생의 괴로움에서 결코 벗어날 수 없습니다.

90일

【마음나누기】 필사를 마친 지금 나의 마음은 어떤가요?

20   년

1월 2월 3월 4월 5월 6월 7월 8월 9월 10월 11월 12월

1 2 3 4 5 6 7 8 9 10 11 12 13 14 15
16 17 18 19 20 21 22 23 24 25 26 27 28 29 30/31

월 화 수 목 금 토 일

맑음 구름 비 눈 갬 안개 바람

'법이 없다' 하지 않고
'법이 있다고 할 것이 없다'라고
했느냐는 점입니다.
무유정법은
'있다'는 병에 빠지는 것을
경계하는 가르침이기도 하지만
그와 동시에 '없다'는 상에 빠지는 것도
경계하는 가르침이기 때문입니다.

91일

【마음나누기】 필사를 마친 지금 나의 마음은 어떤가요?

20   년

1월 2월 3월 4월 5월 6월 7월 8월 9월 10월 11월 12월

1 2 3 4 5 6 7 8 9 10 11 12 13 14 15

16 17 18 19 20 21 22 23 24 25 26 27 28 29 30/31

월 화 수 목 금 토 일

맑음 구름 비 눈 갬 안개 바람

일정한 조건과 인연 속에서
때로는 약성으로 작용하고
때로는 독성으로 작용하는 것이 참모습입니다.
다만 지금 여기에서의 쓰임에 따라
약이라 불릴 뿐입니다.
이 세상 모든 존재와 현상은
'이것'이라고 규정할 수 없는 동시에
놓인 상황과 인연에 따라서는
'이것'이라고 설명할 수 있습니다.
그래서 다만 '이름한다'라고 하는 것입니다.
때와 장소에 관계없이 영원불멸하는
고정된 성품이나 역할이 없다는 것입니다.

92일

【마음나누기】 필사를 마친 지금 나의 마음은 어떤가요?

20   년

1월 2월 3월 4월 5월 6월 7월 8월 9월 10월 11월 12월

1 2 3 4 5 6 7 8 9 10 11 12 13 14 15
16 17 18 19 20 21 22 23 24 25 26 27 28 29 30/31

월 화 수 목 금 토 일

맑음 구름 비 눈 갬 안개 바람

등산의 즐거움은
정상에 도달하는 데만 있지 않습니다.
한 발 한 발 올라가다
힘들면 쉬면서 경치 구경도 하고
배고프면 먹기도 하는 게
산을 오르는 즐거움입니다. (…)
인생도 등산과 같습니다.
좋은 것도 내 인생이고 나쁜 것도 내 인생입니다.
바라는 대로 되는 것도 내 인생이고
바라는 대로 되지 않는 것도 내 인생입니다.
그처럼 나의 모든 시간이
소중한 내 인생의 일부임을 알고
순간순간 기쁨을 누리며 사는 지혜가
나를 자유롭고 행복하게 만듭니다.

93일

【마음나누기】 필사를 마친 지금 나의 마음은 어떤가요?

20   년

1월 2월 3월 4월 5월 6월 7월 8월 9월 10월 11월 12월

1   2   3   4   5   6   7   8   9   10   11   12   13   14   15
16 17 18 19 20 21 22 23 24 25   26   27   28   29   30/31

월 화 수 목 금 토 일

맑음 구름 비 눈 갬 안개 바람

내가 너고 네가 나인 두 사람 사이에는
내가 너를 보살핀다고 생색내는 마음
내 공덕을 알아 달라는 마음이
자리 잡을 여지가 없습니다.
이렇게 일체중생이 다 한 몸인 줄 알면
복을 짓고도 받을 복이 없는
보살의 마음이 저절로 일어나게 됩니다.

94일

【마음나누기】 필사를 마친 지금 나의 마음은 어떤가요?

20   년

1월   2월   3월   4월   5월   6월   7월   8월   9월   10월   11월   12월

1   2   3   4   5   6   7   8   9   10   11   12   13   14   15
16   17   18   19   20   21   22   23   24   25   26   27   28   29   30/31

월   화   수   목   금   토   일

맑음   구름   비   눈   갬   안개   바람

물은 그릇의 모양에 따라 그 형태가 바뀝니다.
스스로 어떤 모양이 되겠다는
아무런 의지도 작용하지 않습니다.
또한 텅 비어 있는 그릇은
거기에 무엇을 담는가에 따라
그 인연에 조응해서
밥을 담으면 밥그릇이 되고
국을 담으면 국그릇이 됩니다.
그와 같이 여래는 모든 욕구를 여의었으니
그 행은 물과 같고 그릇과 같은 무위의 행입니다
어디에도 집착함이 없으므로
행함 없이 행하는 무소행을 실천하고
무위의 모습으로 무주상보시를 행하여
무루복을 짓습니다.

95일

【마음나누기】 필사를 마친 지금 나의 마음은 어떤가요?

20   년

1월 2월 3월 4월 5월 6월 7월 8월 9월 10월 11월 12월

1 2 3 4 5 6 7 8 9 10 11 12 13 14 15
16 17 18 19 20 21 22 23 24 25 26 27 28 29 30/31

월 화 수 목 금 토 일

맑음 구름 비 눈 갬 안개 바람

'저 사람은 도대체 왜 저럴까?' 하고
시비 분별이 났다면
그렇게 생각하는 자신을 자책하거나 후회하지 말고
그것마저도 그대로 인정하고 받아들여야 합니다.
화가 났을 땐 화난 대로, 슬플 때는 슬픈 대로
거기에 빠져들지도 말고 거부하지도 말고
파도가 일어나는 모습을 바라보듯이
내 마음을 가만히 지켜보는 겁니다.
이런 마음이 일어나야 한다
이런 마음은 일어나면 안 된다
그런 관념을 내려놓고
'지금 이런 마음이 일어나는구나' 하고 지켜보면
마음의 움직임에 꺼들리지 않을 수 있습니다.

96일

【마음나누기】 필사를 마친 지금 나의 마음은 어떤가요?

20____년____

1월 2월 3월 4월 5월 6월 7월 8월 9월 10월 11월 12월

1 2 3 4 5 6 7 8 9 10 11 12 13 14 15

16 17 18 19 20 21 22 23 24 25 26 27 28 29 30/31

월 화 수 목 금 토 일

맑음 구름 비 눈 갬 안개 바람

하나의 존재에서
서로 다른 많은 존재가 나오고
서로 다른 많은 존재들이 모여서
하나의 세계를 이룹니다.
하나로부터 많은 것이 나오고
많은 것으로부터 하나가 나옵니다.
하나는 하나 아닌 것으로 돌아가고
모든 것은 모든 것이 아닌 것으로 돌아갑니다.
하나다, 둘이다 하는 구분은
다만 지금 눈에 보이는 현상에 불과하며
궁극적으로 하나와 둘을 판단할 만한
실체는 없습니다.

97일

【마음나누기】 필사를 마친 지금 나의 마음은 어떤가요?

20   년

1월 2월 3월 4월 5월 6월 7월 8월 9월 10월 11월 12월

1 2 3 4 5 6 7 8 9 10 11 12 13 14 15

16 17 18 19 20 21 22 23 24 25 26 27 28 29 30/31

월 화 수 목 금 토 일

맑음 구름 비 눈 갬 안개 바람

내가 지금 세상을 보는 관점에 따라
세상은 달라집니다.
주변 조건에 매달려서 사느냐
아니면 내가 처한 환경에 적극적으로 대응하며
내 인생의 주인으로 사느냐의 선택은
순전히 자신의 몫입니다.
주변 조건의 노예로 살지 않고 주인으로 살면
나도 좋아지고 남도 좋아집니다.
나도 변하고 세계도 변합니다.
내가 행복해지는 것과
세계가 좋아지는 것이 둘이 아닙니다.

98일

【마음나누기】 필사를 마친 지금 나의 마음은 어떤가요?

20   년

1월 2월 3월 4월 5월 6월 7월 8월 9월 10월 11월 12월

1 2 3 4 5 6 7 8 9 10 11 12 13 14 15
16 17 18 19 20 21 22 23 24 25 26 27 28 29 30/31

월 화 수 목 금 토 일

맑음 구름 비 눈 갬 안개 바람

진실로 부처님을 믿고 법을 따른다면
기도하는 마음 자세가 달라져야 합니다.
지금까지는 '부처님을 따르고 의지하면
무거운 내 짐이 좀 덜어지겠지' 하는 마음이었다면
이제 금강경을 읽고 깨달음을 얻은 뒤에는
'부처님께서 이렇게 중생의 고통을
덜어 주기 위해 깨우쳐 주시는구나.
나도 부처님 하시는 일에 작은 힘이라도 보태서
다른 사람을 돌보며 살아야겠다'는
원력을 가져야 합니다.

99일

【마음나누기】 필사를 마친 지금 나의 마음은 어떤가요?

20   년

1월 2월 3월 4월 5월 6월 7월 8월 9월 10월 11월 12월

1   2   3   4   5   6   7   8   9   10 11 12 13 14 15

16 17 18 19 20 21 22 23 24 25 26 27 28 29 30/31

월 화 수 목 금 토 일

맑음 구름 비 눈 갬 안개 바람

'부처님,
저는 놔두시고 다른 사람을 돌봐 주세요.
제 일은 제가 알아서 하겠습니다.'
'우리 가족은 제가 돌볼 테니 걱정 마세요.'
'우리나라 일은 저희가 알아서 하겠습니다.'
'인간 세상일은 저희가 알아서 하겠습니다.'

100일

【마음나누기】 필사를 마친 지금 나의 마음은 어떤가요?

금강반야바라밀경 金剛般若波羅蜜經

금강경 한문 사경

第一 法會因由分

如是我聞 一時 佛 在舍衛國祇樹給孤獨園 與大比丘衆千二百五十人俱 爾時 世尊 食時 着衣持鉢 入舍衛大城 乞食於其城中 次第乞已 還至本處 飯食訖 收衣鉢 洗足已 敷座而坐

第二 善現起請分

時 長老須菩提 在大衆中 卽從座起 偏袒右肩 右膝着地 合掌恭敬 而白佛言 希有世尊 如來 善護念諸菩薩 善付囑諸菩薩 世尊 善男子善女人 發阿耨多羅三藐三菩提心 應云何住 云何降伏其心 佛言 善哉善哉 須菩提 如汝所說 如來善護念諸菩薩 善付囑諸菩薩 汝今諦聽 當爲汝說 善男子

善女人 發阿耨多羅三藐三菩提心 應如是住 如是
降伏其心 唯然 世尊 願樂欲聞

第三 大乘正宗分

佛告須菩提 諸菩薩摩訶薩 應如是降伏其心 所有
一切衆生之類 若卵生 若胎生 若濕生 若化生 若
有色 若無色 若有想 若無想 若非有想 非無想 我
皆令入無餘涅槃 而滅度之 如是滅度無量無數無
邊衆生 實無衆生 得滅度者 何以故 須菩提 若菩
薩 有我相人相衆生相壽者相 卽非菩薩

第四 妙行無住分

復次須菩提 菩薩 於法 應無所住行於布施 所謂
不住色布施 不住聲香味觸法布施 須菩提 菩薩
應如是布施 不住於相 何以故 若菩薩 不住相布
施 其福德 不可思量 須菩提 於意云何 東方虛空
可思量不 不也 世尊 須菩提 南西北方四維上下虛

空 可思量不 不也 世尊 須菩提 菩薩 無住相布施
福德 亦復如是 不可思量 須菩提 菩薩 但應如所
教住

第五 如理實見分

須菩提 於意云何 可以身相 見如來不 不也 世尊
不可以身相 得見如來 何以故 如來所說身相 卽非
身相 佛告須菩提 凡所有相 皆是虛妄 若見諸相
非相 卽見如來

第六 正信希有分

須菩提 白佛言 世尊 頗有眾生 得聞如是言說章
句 生實信不 佛告須菩提 莫作是說 如來滅後 後
五百歲 有持戒修福者 於此章句 能生信心 以此
爲實 當知是人 不於一佛二佛三四五佛 而種善根
已於無量千萬佛所 種諸善根 聞是章句 乃至一念
生淨信者 須菩提 如來悉知悉見 是諸眾生 得如

是無量福德 何以故 是諸衆生 無復我相人相衆
生相壽者相無法相 亦無非法相 何以故 是諸衆
生 若心取相 即爲着我人衆生壽者 若取法相 即
着我人衆生壽者 何以故 若取非法相 即着我人衆
生壽者 是故 不應取法 不應取非法 以是義故 如
來常說 汝等比丘知我說法 如筏喻者 法尚應捨
何況非法

第七 無得無說分

須菩提 於意云何 如來 得阿耨多羅三藐三菩提耶
如來 有所說法耶 須菩提言 如我解佛所說義 無
有定法 名阿耨多羅三藐三菩提 亦無有定法 如來
可說 何以故 如來所說法 皆不可取 不可說 非法
非非法 所以者何 一切賢聖 皆以無爲法 而有差別

第八 依法出生分

須菩提 於意云何 若人 滿三千大千世界七寶 以

用布施 是人所得福德 寧爲多不 須菩提言 甚多
世尊 何以故 是福德 卽非福德性 是故 如來說福
德多 若復有人 於此經中 受持乃至四句偈等 爲他
人說 其福 勝彼 何以故 須菩提 一切諸佛 及諸佛
阿耨多羅三藐三菩提法 皆從此經出 須菩提所謂
佛法者 卽非佛法

第九 一相無相分

須菩提 於意云何 須陀洹 能作是念 我得須陀洹
果不 須菩提言 不也 世尊 何以故 須陀洹 名爲入
流 而無所入 不入色聲香味觸法 是名須陀洹 須
菩提 於意云何 斯陀含 能作是念 我得斯陀含果
不 須菩提言 不也 世尊 何以故 斯陀含 名一往來
而實無往來 是名斯陀含 須菩提 於意云何 阿那
含 能作是念 我得阿那含果不 須菩提言 不也 世
尊 何以故 阿那含 名爲不來 而實無不來 是故 名
阿那含 須菩提 於意云何 阿羅漢 能作是念 我得

阿羅漢道不 須菩提言 不也 世尊 何以故 實無有
法 名阿羅漢 世尊 若阿羅漢 作是念 我得阿羅漢
道 即爲着我人衆生壽者 世尊 佛說我得無諍三昧
人中 最爲第一 是第一離欲阿羅漢 世尊 我不作
是念 我是離欲阿羅漢 世尊 我若作是念 我得阿
羅漢道 世尊 即不說 須菩提是樂阿蘭那行者 以
須菩提 實無所行 而名須菩提 是樂阿蘭那行

第十 莊嚴淨土分

佛告須菩提 於意云何 如來昔在燃燈佛所 於法
有所得不 不也 世尊 如來在燃燈佛所 於法 實無
所得 須菩提 於意云何 菩薩 莊嚴佛土不 不也 世
尊 何以故 莊嚴佛土者即非莊嚴 是名莊嚴 是故
須菩提 諸菩薩摩訶薩 應如是生淸淨心 不應住色
生心 不應住聲香味觸法生心 應無所住 而生其心
須菩提 譬如有人 身如須彌山王 於意云何 是身
爲大不 須菩提言 甚大 世尊 何以故 佛說非身 是

名大身

第十一 無爲福勝分

須菩提 如恒河中 所有沙數 如是沙等恒河 於意云何 是諸恒河沙寧爲多不 須菩提言 甚多 世尊 但諸恒河 尙多無數何況其沙 須菩提 我今實言告汝 若有善男子善女人 以七寶滿爾所恒河沙數三千大千世界 以用布施 得福多不 須菩提言 甚多 世尊 佛告須菩提 若善男子善女人 於此經中 乃至 受持四句偈等 爲他人說 而此福德 勝前福德

第十二 尊重正敎分

復次須菩提 隨說是經 乃至四句偈等 當知此處 一切世間天人阿修羅皆應供養 如佛塔廟 何況有人 盡能受持讀誦 須菩提 當知是人 成就最上第一希有之法 若是經典所在之處 卽爲有佛 若尊重弟子

第十三 如法受持分

爾時 須菩提白佛言 世尊 當何名此經 我等 云何 奉持 佛告 須菩提 是經 名爲金剛般若波羅蜜 以 是名字 汝當奉持 所以者何 須菩提 佛說般若波 羅蜜 卽非般若波羅蜜 是名般若波羅蜜 須菩提 於 意云何 如來有所說法不 須菩提白佛言 世尊 如來 無所說 須菩提 於意云何 三千大千世界所有微塵 是爲多不 須菩提言 甚多 世尊 須菩提 諸微塵 如 來說非微塵 是名微塵 如來說世界非世界 是名世 界 須菩提 於意云何 可以三十二相 見如來不 不 也 世尊 不可以三十二相 得見如來 何以故 如來 說三十二相 卽是非相 是名三十二相 須菩提 若有 善男子善女人 以恒河沙等身命 布施 若復有人 於 此經中 乃至受持四句偈等 爲他人說 其福甚多

第十四 離相寂滅分

爾時 須菩提 聞說是經 深解義趣 涕淚悲泣 而白

佛言 希有世尊 佛說如是甚深經典 我從昔來 所得慧眼 未曾得聞如是之經 世尊 若復有人 得聞是經 信心淸淨 卽生實相 當知是人 成就第一希有功德 世尊 是實相者 卽是非相 是故 如來說名實相 世尊 我今得聞如是經典 信解受持 不足爲難 若當來世後五百歲 其有衆生 得聞是經 信解受持 是人 卽爲第一希有 何以故 此人 無我相無人相無衆生相無壽者相 所以者何 我相 卽是非相 人相衆生相壽者相 卽是非相 何以故 離一切諸相 卽名諸佛 佛告須菩提 如是如是 若復有人得聞是經 不驚不怖不畏 當知是人 甚爲希有 何以故 須菩提 如來說第一波羅蜜 卽非第一波羅蜜 是名第一波羅蜜 須菩提 忍辱波羅蜜 如來說非忍辱波羅蜜 是名忍辱波羅蜜 何以故 須菩提 如我昔爲歌利王 割截身體 我於爾時 無我相無人相無衆生相無壽者相 何以故 我於往昔節節支解時 若有我相人相衆生相壽者相 應生瞋恨 須菩提 又念過去於

五百世 作忍辱仙人 於爾所世 無我相無人相無衆生相無壽者相 是故 須菩提 菩薩 應離一切相 發阿耨多羅三藐三菩提心 不應住色生心 不應住聲香味觸法生心 應生無所住心 若心有住 卽爲非住 是故 佛說菩薩心 不應住色布施 須菩提菩薩 爲利益一切衆生 應如是布施 如來說一切諸相 卽是非相 又說一切衆生 卽非衆生 須菩提 如來 是眞語者 實語者 如語者 不誑語者 不異語者 須菩提 如來所得法 此法 無實無虛 須菩提 若菩薩心住於法 而行布施 如人 入闇 卽無所見 若菩薩心不住法 而行布施 如人 有目 日光 明照 見種種色 須菩提 當來之世 若有善男子善女人 能於此經 受持讀誦 卽爲如來以佛智慧 悉知是人 悉見是人 皆得成就無量無邊功德

第十五 持經功德分

須菩提 若有善男子善女人 初日分 以恒河沙等

身 布施 中日分 復以恒河沙等身 布施 後日分 亦
以恒河沙等身 布施 如是無量百千萬億劫 以身布
施 若復有人 聞此經典 信心不逆 其福勝彼 何況
書寫受持讀誦 爲人解說 須菩提 以要言之 是經
有不可思議不可稱量無邊功德 如來爲發大乘者
說 爲發最上乘者 說 若有人 能受持讀誦 廣爲人
說 如來悉知是人 悉見是人 皆得成就不可量不可
稱無有邊不可思議功德 如是人等 卽爲荷擔如來
阿耨多羅三藐三菩提 何以故 須菩提 若樂小法者
着我見人見衆生見壽者見 卽於此經 不能聽受讀
誦 爲人解說 須菩提 在在處處 若有此經 一切世
間 天人阿修羅 所應供養 當知此處 卽爲是塔 皆
應恭敬作禮圍繞 以諸華香 而散其處

第十六 能淨業障分

復次須菩提 善男子善女人 受持讀誦此經 若爲
人輕賤 是人先世罪業 應墮惡道 以今世人 輕賤

故 先世罪業 卽爲消滅 當得阿耨多羅三藐三菩提
須菩提 我念過去無量阿僧祇劫 於燃燈佛前 得
值八百四千萬億那由他諸佛 悉皆供養承事 無空
過者 若復有人 於後末世 能受持讀誦此經 所得
功德於我所供養諸佛功德 百分 不及一 千萬億分
乃至算數譬喩 所不能及 須菩提 若善男子善女人
於後末世 有受持讀誦此經 所得功德 我若具說
者 或有人聞 心卽狂亂 狐疑不信 須菩提 當知 是
經義不可思議 果報 亦不可思議

第十七 究竟無我分

爾時 須菩提白佛言 世尊 善男子善女人 發阿耨
多羅三藐三菩提心 云何應住 云何降伏其心 佛告
須菩提 若善男子善女人 發阿耨多羅三藐三菩提
心者 當生如是心 我應滅度一切衆生 滅度一切
衆生已 而無有一衆生 實滅度者 何以故 須菩提
若菩薩 有我相人相衆生相壽者相 卽非菩薩 所以

者何 須菩提 實無有法 發阿耨多羅三藐三菩提心者 須菩提 於意云何 如來於燃燈佛所 有法 得阿耨多羅三藐三菩提不 不也世尊 如我解佛所說義 佛 於燃燈佛所 無有法 得阿耨多羅三藐三菩提 佛言 如是如是 須菩提 實無有法 如來得阿耨多羅三藐三菩提 須菩提 若有法 如來得阿耨多羅三藐三菩提者 燃燈佛 卽不與我授記 汝於來世 當得作佛 號 釋迦牟尼 以實無有法 得阿耨多羅三藐三菩提 是故 燃燈佛 與我授記 作是言 汝於來世 當得作佛 號 釋迦牟尼 何以故 如來者 卽諸法如義 若有人 言 如來得阿耨多羅三藐三菩提 須菩提 實無有法 佛 得阿耨多羅三藐三菩提 須菩提 如來所得 阿耨多羅三藐三菩提 於是中 無實無虛 是故 如來說 一切法 皆是佛法 須菩提 所言一切法者 卽非一切法 是故名一切法 須菩提 譬如人身 長大 須菩提言 世尊 如來說人身長大 卽爲非大身 是名大身 須菩提 菩薩 亦如是 若作

是言 我當滅度無量衆生 卽不名菩薩 何以故 須
菩提 實無有法 名爲菩薩 是故 佛說一切法 無我
無人無衆生無壽者 須菩提 若菩薩 作是言 我當
莊嚴佛土 是不名菩薩 何以故 如來說莊嚴佛土者
卽非莊嚴 是名莊嚴 須菩提 若菩薩 通達無我法
者 如來說名眞是菩薩

第十八 一體同觀分

須菩提 於意云何 如來有肉眼不 如是 世尊 如來
有肉眼 須菩提 於意云何 如來有天眼不 如是 世
尊 如來有天眼 須菩提 於意云何 如來有慧眼不
如是 世尊 如來有慧眼 須菩提 於意云何 如來有
法眼不 如是 世尊 如來有法眼 須菩提 於意云何
如來有佛眼不 如是 世尊 如來有佛眼 須菩提 於
意云何 如恒河中所有沙 佛說是沙不 如是 世尊
如來說是沙 須菩提 於意云何 如一恒河中所有沙
有如是沙等恒河 是諸恒河 所有沙數 佛世界如是

寧爲多不 甚多 世尊 佛告須菩提 爾所國土中 所有衆生 若干種心 如來悉知 何以故 如來說諸心 皆爲非心 是名爲心 所以者何 須菩提 過去心不可得 現在心不可得 未來心不可得

第十九 法界通化分

須菩提 於意云何 若有人 滿三千大千世界七寶 以用布施 是人 以是因緣 得福多不 如是 世尊 此人 以是因緣 得福甚多 須菩提 若福德有實 如來不說得福德多 以福德 無故如來說得福德多

第二十 離色離相分

須菩提 於意云何 佛 可以具足色身見不 不也 世尊 如來不應以具足色身見 何以故 如來說具足色身 卽非具足色身 是名具足色身 須菩提 於意云何 如來 可以具足諸相見不 不也 世尊 如來 不應以具足諸相見 何以故 如來說諸相具足 卽非具足

是名諸相具足

第二十一 非說所說分

須菩提 汝勿謂如來作是念 我當有所說法 莫作是念 何以故 若人言如來有所說法 卽爲謗佛 不能解我所說故 須菩提 說法者 無法可說 是名說法 爾時 慧命須菩提白佛言 世尊 頗有衆生 於未來世 聞說是法 生信心不 佛言 須菩提 彼非衆生 非不衆生 何以故 須菩提 衆生衆生者 如來說非衆生 是名衆生

第二十二 無法可得分

須菩提白佛言 世尊 佛得阿耨多羅三藐三菩提 爲無所得耶 佛言 如是如是 須菩提 我於阿耨多羅三藐三菩提 乃至無有少法可得 是名阿耨多羅三藐三菩提

第二十三 淨心行善分

復次須菩提 是法 平等 無有高下 是名阿耨多羅三藐三菩提 以無我無人無衆生無壽者 修一切善法 卽得阿耨多羅三藐三菩提 須菩提 所言善法者 如來說卽非善法 是名善法

第二十四 福智無比分

須菩提 若三千大千世界中 所有諸須彌山王如是等七寶聚 有人 持用布施 若人 以此般若波羅蜜經 乃至四句偈等 受持讀誦 爲他人說 於前福德 百分 不及一 百千萬億分 乃至算數譬喩 所不能及

第二十五 化無所化分

須菩提 於意云何 汝等 勿謂如來作是念 我當度衆生 須菩提 莫作是念 何以故 實無有衆生如來度者 若有衆生如來度者 如來卽有我人衆生壽者 須菩提 如來說有我者 卽非有我 而凡夫之人 以爲有我

須菩提 凡夫者 如來說卽非凡夫 是名凡夫

第二十六 法身非相分

須菩提 於意云何 可以三十二相 觀如來不 須菩提言 如是如是 以三十二相 觀如來 佛言 須菩提 若以三十二相 觀如來者 轉輪聖王 卽是如來 須菩提白佛言 世尊 如我解佛所說義 不應以三十二相 觀如來 爾時 世尊 而說偈言 若以色見我 以音聲求我 是人行邪道 不能見如來

第二十七 無斷無滅分

須菩提 汝若作是念 如來 不以具足相故 得阿耨多羅三藐三菩提 須菩提 莫作是念 如來 不以具足相故 得阿耨多羅三藐三菩提 須菩提 汝若作是念 發阿耨多羅三藐三菩提心者 說諸法斷滅 莫作是念 何以故 發阿耨多羅三藐三菩提心者 於法 不說斷滅相

第二十八 不受不貪分

須菩提 若菩薩 以滿恒河沙等世界七寶 持用布施 若復有人 知一切法無我 得成於忍 此菩薩 勝前菩薩所得功德 何以故 須菩提 以諸菩薩 不受福德故 須菩提白佛言 世尊 云何菩薩 不受福德 須菩提 菩薩 所作福德 不應貪着 是故 說不受福德

第二十九 威儀寂靜分

須菩提 若有人言 如來 若來若去若坐若臥 是人不解我所說義 何以故 如來者 無所從來 亦無所去 故名如來

第三十 一合理相分

須菩提 若善男子善女人 以三千大千世界 碎爲微塵 於意云何 是微塵衆 寧爲多不 甚多 世尊 何以故 若是微塵衆 實有者 佛卽不說是微塵衆 所以者何 佛說微塵衆 卽非微塵衆 是名微塵衆 世尊

如來所說三千大千世界 卽非世界 是名世界 何以故 若世界實有者 卽是一合相 如來說一合相 卽非一合相 是名一合相 須菩提 一合相者 卽是不可說 但凡夫之人貪着其事

第三十一 知見不生分
須菩提 若人言 佛說我見人見衆生見壽者見 須菩提 於意云何 是人 解我所說義不 不也 世尊 是人 不解如來所說義 何以故 世尊 說我見人見衆生見壽者見 卽非我見人見衆生見壽者見 是名我見人見衆生見壽者見 須菩提 發阿耨多羅三藐三菩提心者 於一切法 應如是知如是見如是信解 不生法相 須菩提 所言法相者 如來說卽非法相 是名法相

第三十二 應化非眞分
須菩提 若有人 以滿無量阿僧祇世界七寶 持用布施 若有善男子善女人 發菩薩心者 持於此經 乃至

四句偈等 受持讀誦 爲人演說 其福勝彼 云何爲人
演說 不取於相 如如不動 何以故 一切有爲法 如
夢幻泡影 如露亦如電 應作如是觀 佛說是經已 長
老須菩提 及諸比丘比丘尼優婆塞優婆夷一切世
間天人阿修羅 聞佛所說 皆大歡喜 信受奉行

금강경 우리말 사경

제일 법회인유분

이와 같음을 내가 들었사오니, 한때에 부처님께서 사위국 기수급고독원에서 비구 천이백오십 인과 함께 계셨습니다. 이때 세존께서는 공양 때가 되어 가사를 입으시고 발우를 들고 사위대성에 들어가셨습니다. 그 성안에서 차례로 걸식을 마치고 본래의 처소로 돌아와 공양을 드신 뒤 가사와 발우를 거두고 발을 씻으신 뒤 자리를 펴고 앉으셨습니다.

제이 선현기청분

그때 장로 수보리가 대중 가운데 있다가 자리에서 일어나 오른쪽 어깨를 드러내고 오른 무릎을 땅에 꿇으며 합장하고 공경하사 부처님께 여쭈었습니다.

"희유하십니다, 세존이시여! 여래께서는 모든 보살을 잘 두호하여 생각하시며 모든 보살을 잘 부촉하십니다. 세존이시여! 아뇩다라삼먁삼보리심을 발한 선남자 선여인은 마땅히 어떻게 머물며 어떻게 그 마음을 항복받아야 합니까?"

부처님께서 말씀하셨습니다.

"갸륵하고 갸륵하다, 수보리여! 그대의 말과 같이 여래는 모든 보살을 잘 두호하여 생각하고 모든 보살을 잘 부촉하나니, 이제 자세히 들어라. 마땅히 그대를 위해 말하리라. 아뇩다라삼먁삼보리심을 발한 선남자 선여인은 마땅히 이와 같이 머무르며 이와 같이 그 마음을 항복받느니라."

"예 그렇습니다, 세존이시여! 원컨대 즐겁게 듣고자 하나이다."

제삼 대승정종분

부처님께서 수보리에게 말씀하셨습니다.

"모든 보살마하살은 이와 같이 그 마음을 항복받아야 한다. 존재하는 모든 중생의 종류, 즉 알로 나는 것, 태로 나는 것, 습기로 나는 것, 화하여 나는 것, 빛이 있는 것, 빛이 없는 것, 생각이 있는 것, 생각이 없는 것, 생각이 있는 것도 아니고 생각이 없는 것도 아닌 것을 내가 다 완전한 열반에 들게 제도하리라. 이와 같이 한량이 없고 수가 없고 가없는 중생을 제도하되 실로 제도를 받은 자가 하나도 없다. 왜냐하면 수보리여! 만일 보살이 아상·인상·중생상·수자상이 있다면 그는 보살이 아니기 때문이다."

제사 묘행무주분

"또한 수보리여! 보살은 법에 머문 바 없이 보시를 행할지니, 이른바 색에 머물지 않고 보시하며 소리와 향기와 맛과 감촉과 법에 머물러 보시하지 않느니라. 수보리여! 보살은 마땅히 이렇게 보시하되 상에 머물지 않는다. 왜냐하면 만일 보살이 상에 머물지 않고 보시하면 그 복덕이 헤아릴 수 없기 때문이다.

수보리여! 그대는 어떻게 생각하느냐? 동쪽 허공을 가히 생각하여 헤아릴 수 있겠느냐?"

"없습니다, 세존이시여!"

"수보리여! 남서북방 사유상하 허공을 가히 생각하여 헤아릴 수 있겠느냐?"

"없습니다, 세존이시여!"

"수보리여! 보살이 상에 머물지 않고 보시하는 복덕 또한 이와 같아서 가히 생각하여 헤아릴 수 없다. 수보리여! 보살은 응당히 가르친 바와 같이 머물지니라."

제오 여리실견분

"수보리여! 그대는 어떻게 생각하느냐? 몸 형상으로 여래를 볼 수 있겠느냐?"
"없습니다, 세존이시여! 몸 형상으로 여래를 볼 수 없습니다. 왜냐하면 여래께서 말씀하신 몸 형상은 몸 형상이 아니기 때문입니다."
부처님께서 수보리에게 말씀하셨습니다.
"무릇 상이 있는 바는 다 허망하니 만일 모든 상이 상이 아님을 본다면 여래를 보리라."

제육 정신희유분

수보리가 부처님께 여쭈었습니다.
"세존이시여! 중생들이 이와 같은 말씀과 문장과 글귀를 듣고 실다운 믿음을 내겠습니까?"
부처님께서 수보리에게 말씀하셨습니다.
"그런 말을 하지 마라. 여래가 열반에 든 뒤 후오백세에 계를 지니고 복을 닦는 자 있으면 이 문장과 글귀에 능히 믿는 마음을 내 이로써 실다움을

삼을 것이니, 마땅히 알라. 이 사람은 한 부처님, 두 부처님, 삼·사·오 부처님에게 선근을 심은 것만이 아니라 저 한량없는 천만 부처님 처소에 이미 모든 선근을 심었으므로 이 문장과 글귀를 들으면 한 생각이라도 청정한 믿음을 낼 것이니라.

수보리여! 여래는 모든 것을 다 알고 다 보나니, 이 모든 중생이 이와 같은 한량없는 복덕을 얻으리라. 왜냐하면 이 모든 중생이 다시 아상과 인상과 중생상과 수자상이 없으며 법상이 없으며 또한 법이 아니라는 상도 없기 때문이다.

왜냐하면 만일 이 모든 중생이 마음에 상을 취하면 곧 나라 하는 것과 사람이라 하는 것과 중생이라 하는 것과 수자라 하는 것에 집착할 것이고, 만일 법이라 하는 상을 취하여도 곧 아와 인과 중생과 수자에 집착하는 것이기 때문이다.

왜냐하면 만일 법 아니라 하는 상을 취하여도 곧 아·인·중생·수자에 집착하는 것이기 때문이다.

그러므로 마땅히 법을 취하지 말며 법 아닌 것을 취하지도 말아야 한다. 그러한 뜻으로 여래는 항상 말하노니, 너희 비구는 나의 설법을 뗏목에다 비유한 것과 같이 알지니, 법도 응당 버려야 하거늘 하물며 법 아닌 것이랴!"

제칠 무득무설분

"수보리여! 그대는 어떻게 생각하느냐? 여래가 아뇩다라삼먁삼보리를 얻었느냐? 여래가 설한 법이 있느냐?"

수보리가 대답하였습니다.

"제가 부처님께서 말씀하신 뜻을 알기로는 정한 법이 있음이 없음을 이름하여 아뇩다라삼먁삼보리라 하며, 또한 정한 법이 있음이 없음을 여래께서 말씀하셨습니다.

왜냐하면 여래가 말씀하신 바 법은 모두 가히 취할 수 없으며 설할 수 없고, 법이 아니며 법 아닌 것도 아니기 때문입니다. 왜냐하면 일체 현성이 다 무위법으로 차별이 있는 까닭입니다."

제팔 의법출생분
"수보리여! 그대는 어떻게 생각하느냐? 만일 어떤 사람이 삼천대천세계에 칠보로 가득 채워 보시한다면 이 사람이 얻는 복덕이 많지 않겠느냐?"
수보리가 대답하였습니다.
"매우 많습니다, 세존이시여! 왜냐하면 이 복덕이 복덕성이 아닌 까닭에 여래께서 복덕이 많다고 하셨기 때문입니다."
"만일 다시 어떤 사람이 이 경 가운데 내지 사구게 등을 받아 지니고 다른 사람을 위해 일러 주면 그 복이 저 복보다 더 뛰어나리라. 왜냐하면 수보리여! 모든 부처님과 모든 부처님의 아뇩다라삼먁삼보리법이 다 이 경에서 나왔기 때문이다. 수보리여! 이른바 불법이라는 것은 불법이 아니니라."

제구 일상무상분

"수보리여! 그대는 어떻게 생각하느냐? 수다원이 '나는 수다원과를 얻었다'고 생각하겠느냐?"

수보리가 대답하였습니다.

"아닙니다, 세존이시여! 왜냐하면 수다원을 일러 흐름에 들어간다고 하지만 들어가는 바가 없으니 빛과 소리와 향기와 맛과 감촉과 법에 들어가지 않으므로 이름이 수다원입니다."

"수보리여! 그대는 어떻게 생각하느냐? 사다함이 '나는 사다함과를 얻었다'고 생각하겠느냐?"

수보리가 대답하였습니다.

"아닙니다, 세존이시여! 왜냐하면 사다함을 일러 한 번 왕래한다고 하지만 실로 왕래함이 없으므로 이름이 사다함입니다."

"수보리여! 그대는 어떻게 생각하느냐? 아나함이 '나는 아나함과를 얻었다'고 생각하겠느냐?"

수보리가 대답하였습니다.

"아닙니다, 세존이시여! 왜냐하면 아나함을 일러 되돌아오지 않는다고 하지만 실로 되돌아오지 않음이 없으므로 이름이 아나함입니다."

"수보리여! 그대는 어떻게 생각하느냐? 아라한이 '나는 아라한도를 얻었다'고 생각하겠느냐?"

수보리가 대답하였습니다.

"아닙니다, 세존이시여! 왜냐하면 실로 법이 있음이 없음을 일러 이름이 아라한이라 하기 때문입니다. 세존이시여! 만일 아라한이 '나는 아라한도를 얻었다'고 생각한다면, 아·인·중생·수자에 집착한 것입니다.

세존이시여! 부처님께서 말씀하시되 제가 다툼이 없는 삼매를 얻은 사람 가운데 가장 제일이 됨이라 하시니, 이는 제일의 욕을 여읜 아라한입니다.

세존이시여! 저는 제가 욕을 여읜 아라한이라고 생각하지 않습니다.

세존이시여! 제가 만일 '내가 아라한도를 얻었다'

고 생각한다면 세존께서는 '수보리는 아란나행을 기꺼워 하는 자'라고 말씀하시지 않았을 것입니다. 수보리가 실로 행하는 바가 없으므로 수보리를 이름하시되 '아란나행을 즐긴다'고 하십니다."

제십 장엄정토분

부처님께서 수보리에게 말씀하셨습니다.
"그대는 어떻게 생각하느냐? 여래가 옛적에 연등불 계시던 처소에서 법을 얻은 바가 있느냐?"
"없습니다, 세존이시여! 여래께서 연등불 계시던 처소에서 실로 법을 얻은 바가 없습니다."
"수보리여! 그대는 어떻게 생각하느냐? 보살이 불국토를 장엄하느냐?"
"아닙니다, 세존이시여! 왜냐하면 불국토를 장엄하는 것은 곧 장엄이 아니라 그 이름이 장엄이기 때문입니다."
"그러므로 수보리여! 모든 보살마하살은 응당 이

와 같이 청정한 마음을 내되, 색에 머물러 마음을 내지 말며, 소리와 향기와 맛과 감촉과 법에 머물러 마음을 내지 말지니, 마땅히 머무는 바 없이 그 마음을 낼지니라.

수보리여! 비유컨대 어떤 사람의 몸이 수미산왕만 하다면 그대는 어떻게 생각하느냐? 이 몸이 크다고 하겠느냐?"

수보리가 대답하였습니다.

"매우 큽니다, 세존이시여! 왜냐하면 부처님께서 몸이 아닌 것을 이름하여 큰 몸이라고 말씀하셨기 때문입니다."

제십일 무위복승분

"수보리여! 항하의 모든 모래 수만큼이나 많은 항하가 있다면 그대는 어떻게 생각하느냐? 이 모든 항하의 모래 수는 많지 않겠느냐?"

수보리가 대답하였습니다.

"매우 많습니다, 세존이시여! 모든 항하만 해도 헤아릴 수 없이 많은데 어찌 하물며 그 모래이겠습니까?"
"수보리여! 내가 이제 진실한 말로 그대에게 말하노니, 만일 선남자 선여인이 그 모든 항하의 모래 수만큼의 삼천대천세계를 칠보로 가득 채워 보시한다면 그로써 얻는 복이 많지 않겠느냐?"
수보리가 대답하였습니다.
"매우 많습니다, 세존이시여!"
부처님께서 수보리에게 말씀하셨습니다.
"만일 선남자 선여인이 이 경 가운데 내지 사구게 등을 수지하여 다른 사람을 위해 설해 준다면 이 복덕이 앞의 복덕보다 더 뛰어나다."

제십이 존중정교분

"또한 수보리여! 이 경 설하심을 따라서 사구게만이라도 일러 준다면 마땅히 알라. 이곳은 일체 세간, 천인, 아수라가 다 부처님의 탑묘와 같이 응당 공양할 것이다. 하물며 어떤 사람이 다 능히 수지하며 독송함이겠느냐!

수보리여! 마땅히 알라. 이 사람은 가장 제일 높은 희유한 법을 성취하리라. 만일 이 경전이 있는 곳은 부처님과 존경받는 제자들이 있는 것과 같으니라."

제십삼 여법수지분

그때 수보리가 부처님께 여쭈었습니다.

"세존이시여! 마땅히 이 경을 무엇이라 이름하며, 저희가 어떻게 받들어 지녀야 하나이까?"

부처님께서 수보리에게 말씀하셨습니다.

"이 경 이름은 '금강반야바라밀'이니 이 이름으로 그대들은 마땅히 받들어 지녀야 하느니라. 왜냐하면 수보리여! 부처가 반야바라밀이라 말한 것은 반야바라밀이 아니라 그 이름이 반야바라밀이기 때문이다. 수보리여! 그대는 어떻게 생각하느냐? 여래가 법을 말한 바가 있느냐?"

수보리가 부처님께 말씀드렸습니다.

"세존이시여!

여래께서 말씀하신 바가 없습니다."

"수보리여! 그대는 어떻게 생각하느냐?

삼천대천세계에 있는 가는 티끌이 많다고 하겠느냐?"

수보리가 대답하였습니다.

"매우 많습니다, 세존이시여!"

"수보리여! 모든 가는 티끌은 여래가 가는 티끌을 말한 것이 아니라 그 이름이 가는 티끌이니라. 여래가 세계를 말한 것은 세계가 아니라 그 이름이 세계이니라. 수보리여! 그대는 어떻게 생각하느냐? 가히 삼십이상으로써 여래를 볼 수 있겠느냐?"

"없습니다, 세존이시여!

가히 삼십이상으로써 여래를 볼 수 없습니다. 왜

냐하면 여래께서 말씀하신 삼십이상은 곧 상이 아니라 그 이름이 삼십이상이기 때문입니다."
"수보리여! 만일 선남자 선여인이 있어 항하의 모래 수 같은 몸과 목숨으로 보시하여도 만일 다시 어떤 사람이 이 경 가운데 내지 사구게 등을 받아 지녀 다른 사람을 위해 설한다면 그 복이 더 많으리라."

제십사 이상적멸분

그때 수보리가 이 경 설하심을 듣고 깊이 깨닫고는 감격해 눈물을 흘리고 울며 부처님께 말씀드렸습니다.
"희유하십니다, 세존이시여! 부처님께서 이와 같이 깊은 경을 말씀하심은 제가 옛적부터 얻은 혜안으로는 일찍이 이와 같은 경을 얻어 들은 적이 없습니다. 세존이시여! 만일 다시 어떤 사람이 이 경을 얻어 듣고 믿는 마음이 청정하여 곧 실상을 내면 마땅히 이 사람이 제일 희유한 공덕을 성취하였음을 알겠나이다.

세존이시여! 이 실상이라는 것은 곧 상이 아닌 까닭에 여래께서 그 이름을 실상이라고 말씀하십니다. 세존이시여! 제가 이제 이 경을 얻어 듣고 믿고 알아 받아 지니기는 어렵지 아니 하지만, 미래 후오백세에 어떤 중생이 이 경을 얻어 듣고서 믿고 이해하고 받아 지니면 이 사람은 곧 제일 희유한 사람이 될 것입니다. 왜냐하면 이 사람은 아상·인상·중생상·수자상이 없기 때문입니다. 왜냐하면 아상이 곧 상이 아니며, 인상·중생상·수자상이 곧 상이 아니기 때문입니다. 왜냐하면 일체 상을 여의면 곧 그 이름이 부처이기 때문입니다."

부처님께서 수보리에게 말씀하셨습니다.

"그렇다, 그렇다. 만일 다시 어떤 사람이 이 경을 얻어 듣고 놀라지 않고 겁내고 두려워하지 않는다면 이 사람은 심히 희유한 사람인 줄 알아야 한다. 왜냐하면 수보리여! 여래가 제일바라밀을 말함이 제일바라밀이 아니라 그 이름이 제일바라밀이기 때문이다.

수보리여! 인욕바라밀이 여래가 인욕바라밀을 말함이 아니라 그 이름이 인욕바라밀이니라.

왜냐하면 수보리여! 내가 옛적에 가리왕에게 신체를 베이고 끊김을 당할 때 내가 그때 아상이 없으며 인상이 없으며 중생상이 없으며 수자상이 없었느니라. 왜냐하면 내가 지나간 옛적에 마디마디 사지를 베이고 끊길 때에 만일 아상과 인상과 중생상과 수자상이 있었다면 응당 성내고 원망하는 마음이 생겼을 것이기 때문이다.

수보리여! 또 과거 오백세에 인욕선인이었을 때에도 아상이 없으며 인상이 없으며 중생상이 없으며 수자상이 없었느니라.

그러므로 수보리여! 보살은 응당 일체 상을 여의어 아뇩다라삼먁삼보리심을 일으키나니, 색에 머물러 마음을 내지 말며 소리와 향기와 맛과 감촉과 법에 머물러 마음을 내지 말지니, 마땅히 머무는 바 없는 마음을 내어야 한다. 만일 마음이 머물러 있으면 그것은 곧 머무름이 아니니, 이런 까닭에 보살의 마음은 색에 머물러 보시하지 않는다고 부처가 말하느니라.

수보리여! 보살은 일체중생의 이익을 위하여 응당 이와 같이 보시하느니라. 여래가 일체 모든 상을 말하는 것은 곧 상이 아니며 또 일체중생을 말하는 것도 곧 중생이 아니니라.

수보리여! 여래는 참된 말을 하는 자고, 실다운 말을 하는 자며, 여여한 말을 하는 자며, 속이는 말을 하지 아니하는 자며, 다른 말을 하지 않는 자이니라. 수보리여! 여래가 얻은 법에는 실다운 것도 없고 헛된 것도 없느니라.

수보리여! 만일 보살의 마음이 법에 머물러 보시를 행하면 마치 사람이 어두운 데에 들어가 아무

것도 볼 수 없는 것과 같고, 보살의 마음이 법에 머무르지 않고 보시를 행하면 사람이 눈이 있어 광명이 비추어 여러 가지 모양을 보는 것과 같으니라.

수보리여! 미래세에 만일 선남자 선여인이 능히 이 경을 수지 독송하면 여래는 부처의 지혜로써 이 사람들을 다 알며 다 보나니, 모두 무량무변한 공덕을 성취할 것이니라."

제십오 지경공덕분

"수보리여! 만일 선남자 선여인이 초일분에 항하사만큼의 몸으로 보시하고 중일분에 다시 항하사만큼의 몸으로 보시하고 후일분에 또한 항하사만큼의 몸으로 보시하되, 이와 같이 한량없는 백천만억겁 동안 보시하여도 만일 다시 어떤 사람이 이 경을 듣고 신심으로 거스르지 않으면 그 복이 저 복보다 더 승하리라. 하물며 사경하고 수지 독송하여 다른 사람을 위해 해설해 줌이랴!

수보리여! 종요로이 말하건대 이 경은 생각할 수도 없고 헤아릴 수도 없는 한없는 공덕이 있느니라. 여래는 대승의 마음을 발한 자를 위해 말하며 최상승의 마음을 발한 자를 위해 말하느니라. 만일 어떤 사람이 능히 수지 독송하여 널리 다른 사람을 위해 설한다면 여래는 이 사람을 다 알며 다 보나니, 이 사람은 모두 헤아릴 수도 없고 칭할 수도 없으며 끝이 없는 불가사의한 공덕을 성취할 것이니라.

이와 같은 사람들은 여래의 아뇩다라삼먁삼보리를 짊어진 사람이니라. 왜냐하면 수보리여! 만일 작은 법을 즐기는 자는 아견과 인견과 중생견과 수자견에 집착함이니, 이 경을 듣고 받아들여 독송하며 다른 사람을 위해 해설하지 못하느니라.

수보리여! 만일 곳곳마다 이 경전이 있으면 일체 세간 천인 아수라가 응당 공양할 것이니, 마땅히 알아야 한다. 이곳은 곧 탑묘가 됨이라. 모두 응당 공경히 예를 짓고 주위를 돌며 온갖 꽃과 향을 뿌리리라."

제십육 능정업장분

"또한 수보리여! 선남자 선여인이 이 경을 수지 독송하면서도 만일 사람들에게 천대받는다면, 이 사람이 선세의 죄업으로 악도에 떨어져야 마땅하겠지만 금세의 사람들이 천대하는 것으로 선세 죄업이 소멸되어 아뇩다라삼먁삼보리를 얻으리라. 수보리여! 내가 과거 헤아릴 수 없이 긴 아승기겁을 생각하니, 연등불 이전 팔백사천만억 나유타 부처님을 만나 모두 공양하고 받들어 섬겨 그냥 지나침이 없었느니라.

만일 다시 어떤 사람이 이후 말세에 능히 이 경을 수지 독송하면, 내가 모든 부처님을 공양한 공덕으로는 그 공덕의 백 분의 일도 미치지 못하며, 천만억 분의 일 내지는 숫자로 헤아리는 어떤 비유로도 능히 미치지 못할 것이니라.
수보리여! 만일 선남자 선여인이 이후 말세에 이 경을 수지 독송하여 얻은 공덕을 내가 만일 갖추어 말하면, 혹 어떤 사람은 듣고 마음이 광란하여 여우같이 의심하고 믿지 않으리라.
수보리여! 마땅히 알아야 한다. 이 경의 뜻은 가히 생각할 수도 없고 과보 또한 불가사의하니라."

제십칠 구경무아분

그때 수보리가 부처님께 여쭈었습니다.
"세존이시여! 선남자 선여인이 아뇩다라삼먁삼보리의 마음을 발하였다면 어떻게 머물러야 하며 어떻게 그 마음을 항복시켜야 합니까?"
부처님께서 수보리에게 말씀하셨습니다.
"만일 선남자 선여인이 아뇩다라삼먁삼보리의 마음을 발하였다면 마땅히 이와 같은 마음을 낼지니라. '내가 마땅히 일체중생을 멸도하리라.' 하지만 일체중생을 멸도하기를 마침에 한 중생도 멸도를 얻은 자가 없느니라. 왜냐하면 만일 보살에게 아상과 인상과 중생상과 수자상이 있으면 보살이 아니기 때문이다. 왜 그런가 하면 수보리여! 실로 법이 있어서 아뇩다라삼먁삼보리심을 발한 것이 아니기 때문이다.

수보리여! 그대는 어떻게 생각하느냐? 여래가 연등불 처소에서 법이 있어 아뇩다라삼먁삼보리를 얻었느냐?"

"아닙니다, 세존이시여! 제가 부처님 말씀을 이해한 바로는 부처님께서 연등불 처소에서 법이 있어서 아뇩다라삼먁삼보리를 얻으신 것이 아닙니다."

부처님께서 말씀하셨습니다.

"그렇다, 그렇다. 수보리여! 실로 법이 있어서 여래가 아뇩다라삼먁삼보리를 얻음이 아니니라. 수보리여, 만일 법이 있어서 여래가 아뇩다라삼보리를 얻었다면 연등불께서 나에게 수기를 주시면서 '너는 내세에 마땅히 부처를 이루리니 이름을 석가모니라 하리라'고 하시지 않으셨을 것이다. 실로 법이 있어서 아뇩다라삼먁삼보리를 얻음이 아니기에 이러한 연고로 연등불께서 나에게 수기를 주시면서 '내세에 마땅히 부처를 이루리니 이름을 석가모니라 하리라'고 말씀하셨느니라. 왜냐하면 여래란 곧 모든 법이 여여하다는 뜻이니라.

만일 어떤 사람이 말하되 '여래께서 아뇩다라삼먁삼보리를 얻었다'고 하더라도 수보리여! 실로 법이 있어 부처가 아뇩다라삼먁삼보리를 얻음이 아니니라.

수보리여! 여래가 얻은 아뇩다라삼먁삼보리는 이 가운데에 실다움도 없고 공허함도 없다. 이러한 까닭에 여래가 말하기를 '일체 법이 다 불법'이라고 하느니라. 수보리여! 일체 법은 곧 일체 법이 아니므로 이름이 일체 법이니라.

수보리여! 비유컨대 사람의 몸이 큰 것과 같다."
수보리가 말하였습니다.
"세존이시여! 여래께서 몸이 크다고 말씀하심이 곧 큰 몸이 아니라 그 이름이 큰 몸입니다."
"수보리여! 보살 또한 이와 같아서 만일 '내가 마땅히 한량없는 중생을 멸도하리라' 하면 곧 보살이라 이름할 수 없느니라. 왜냐하면 수보리여! 실로 법이 있음이 없기에 이름이 보살이니라.
이러한 까닭에 부처가 '일체 법에 아가 없으며 인이 없으며 중생이 없으며 수자가 없다'고 말하느니라. 수보리여! 만일 보살이 '내가 마땅히 불국토를 장엄하리라' 하면 곧 보살이라 이름할 수 없느니라. 왜냐하면 여래가 말하는 불국토를 장엄한다는 것은 곧 장엄이 아니라 그 이름이 장엄이기 때문이다.
수보리여! 만일 보살이 무아법을 통달하였다면 여래가 그 이름을 참다운 보살이라 하느니라."

제십팔 일체동관분

수보리여! 그대는 어떻게 생각하느냐?
여래에게 육안이 있느냐?"
"그렇습니다, 세존이시여!
여래에게는 육안이 있습니다."
"수보리여! 그대는 어떻게 생각하느냐?
여래에게 천안이 있느냐?"
"그렇습니다, 세존이시여!
여래에게는 천안이 있습니다."
"수보리여! 그대는 어떻게 생각하느냐?
여래에게 혜안이 있느냐?"
"그렇습니다, 세존이시여!
여래에게는 혜안이 있습니다."
"수보리여! 그대는 어떻게 생각하느냐?
여래에게 법안이 있느냐?"
"그렇습니다, 세존이시여!
여래에게는 법안이 있습니다."

"수보리여! 그대는 어떻게 생각하느냐?
여래에게 불안이 있느냐?"
"그렇습니다, 세존이시여!
여래에게는 불안이 있습니다."
"수보리여! 그대는 어떻게 생각하느냐?
'항하에 있는 모래와 같이'라고 부처가 모래에 대해 말하였느냐?"
"그렇습니다, 세존이시여!
여래께서 이 모래를 말씀하셨습니다."
"수보리여! 그대는 어떻게 생각하느냐? 항하의 모든 모래 수만큼의 항하가 있고, 이 모든 항하의 모래 수만큼 불세계가 있다면 많다고 하겠느냐?"
"매우 많습니다, 세존이시여!"
부처님께서 수보리에게 말씀하셨습니다.
"저 국토 가운데 있는 중생의 갖가지 종류의 마음을 여래는 모두 아느니라. 왜냐하면 여래가 말한 모든 마음은 다 마음이 아니라 그 이름이 마음이기 때문이다. 왜냐하면 수보리여! 과거의 마음은 얻을 수 없으며, 현재의 마음도 얻을 수 없으며, 미래의 마음도 얻을 수 없기 때문이다."

제십구 법계통화분
"수보리여! 그대는 어떻게 생각하느냐? 만일 어떤 사람이 삼천대천세계에 칠보를 가득히 하여 보시하면 이 사람이 이 인연으로써 복 얻음이 많지 않겠느냐?"
"그렇습니다, 세존이시여! 그 사람은 이 인연으로써 복 얻음이 매우 많습니다."
"수보리여! 만일 복덕이 실로 있다면 여래가 복덕 얻음이 많다고 말하지 않으련만, 복덕이 없으므로 여래가 복덕이 많다고 말하느니라."

제이십 이색이상분
"수보리여! 그대는 어떻게 생각하느냐? 부처를 가

히 구족 색신으로 볼 수 있겠느냐?"

"볼 수 없습니다, 세존이시여! 여래를 응당 구족한 색신으로써 보지 못합니다. 왜냐하면 여래께서 구족 색신이라 말씀하심이 곧 구족 색신이 아니라 그 이름이 구족 색신이기 때문입니다."

"수보리여! 그대는 어떻게 생각하느냐? 여래를 가히 구족 제상으로 볼 수 있겠느냐?"

"볼 수 없습니다, 세존이시여! 여래를 구족 제상으로써 보지 못합니다. 왜냐하면 여래께서 제상이 구족함을 말씀하심이 곧 구족이 아니라 그 이름이 제상 구족이기 때문입니다."

제이십일 비설소설분

"수보리여! 그대는 여래가 '내가 마땅히 말한 바 법이 있다'고 생각한다고 말하지 마라. 그렇게 생각하지 말지니, 왜냐하면 만일 어떤 사람이 '여래께서 설한 바 법이 있다'고 한다면 이는 곧 부처를 비방하는 것이니, 내가 말한 바를 알지 못하기 때문이다.

수보리여! 법을 말한다는 것은 법을 가히 말할 수 없는지라 이 이름이 법을 말함이니라."

그때 혜명 수보리가 부처님께 여쭈었습니다.

"세존이시여! 자못 중생들이 저 미래 세상에 이 법 설하심을 듣고 믿는 마음을 내겠습니까?"

부처님께서 말씀하셨습니다.

"수보리여! 저들은 중생이 아니요 중생이 아닌 것도 아니니라. 왜냐하면 수보리여! 중생 중생이라 하는 것은 여래가 중생을 말함이 아니라 그 이름이 중생이기 때문이다."

제이십이 무법가득분

수보리가 부처님께 여쭈었습니다.

"세존이시여! 부처님께서 아뇩다라삼먁삼보리를 얻으심은 얻은 바가 없는 것입니까?"

부처님께서 말씀하셨습니다.
"그렇다, 그렇다. 수보리여! 내가 아뇩다라삼먁삼보리 내지 작은 법도 가히 얻은 것이 없으므로 이 이름이 아뇩다라삼먁삼보리라 하느니라."

제이십삼 정심행선분

"또한 수보리여! 이 법은 평등하여 높고 낮음이 없으니 이 이름이 아뇩다라삼먁삼보리라고 하느니라. 아가 없고 인이 없고 중생이 없고 수자가 없음으로써 일체 선법을 닦으면 곧 아뇩다라삼먁삼보리를 얻으리라. 수보리여! 말한 바 선법이라는 것은 여래가 선법을 말함이 아니라 그 이름이 선법이니라."

제이십사 복지무비분

"수보리여! 만일 삼천대천세계 중에 있는 모든 수미산왕만한 칠보 더미를 어떤 사람이 가져다 보시하여도, 만일 어떤 사람이 이 반야바라밀경 내지 사구게 등을 수지 독송하며 다른 사람을 위하여 말한다면 앞의 복덕은 백 분의 일에도 미치지 못하며 백천만억 분의 일 내지 숫자를 헤아리는 비유로는 능히 미치지 못하느니라."

제이십오 화무소화분

"수보리여! 그대는 어떻게 생각하느냐?
그대들은 여래가 '내가 마땅히 중생을 제도한다'고 생각한다고 말하지 마라. 수보리여! 그렇게 생각하지 말지니, 왜냐하면 실로 여래가 제도한 중생이 없기 때문이다. 만일 중생이 있어 여래가 제도한 것이라 한다면 여래가 곧 아·인·중생·수자가 있음이니라.
수보리여! 여래가 '아가 있다'고 말하는 것은 곧 '아가 있는 것'이 아니거늘, 범부는 '아가 있다'고 하느니라. 수보리여! 범부라는 것은 여래가 범부를 말함이 아니라 그 이름이 범부니라."

제이십육 법신비상분

"수보리여! 그대는 어떻게 생각하느냐? 삼십이상으로써 여래를 볼 수 있겠느냐?"
수보리가 대답하였습니다.
"그렇습니다, 그렇습니다. 삼십이상으로써 여래를 볼 수 있습니다."
부처님께서 말씀하셨습니다.
"수보리여! 만일 삼십이상으로써 여래를 본다면 전륜성왕이 곧 여래이리라."
수보리가 부처님께 말씀드렸습니다.
"세존이시여! 제가 부처님이 말씀하신 바 뜻을 알기로는, 삼십이상으로써 여래를 보지 못합니다."
그때 세존께서 게송으로 말씀하셨습니다.
"만일 색으로써 나를 보려 하거나
음성으로써 나를 구한다면,

이 사람은 사도를 행함이라,
능히 여래를 보지 못하리라."

제이십칠 무단무멸분

"수보리여! 그대가 만일 '여래는 구족상이 아닌 것으로써 아뇩다라삼먁삼보리를 얻었다'고 생각한다면, 수보리여! '여래는 구족상이 아닌 것으로써 아뇩다라삼먁삼보리를 얻었다'고 생각하지 마라. 수보리여! 그대가 만일 '아뇩다라삼먁삼보리심을 발한 자는 모든 법에 단멸을 말하였다'고 생각한다면 이렇게 생각하지 마라. 왜냐하면 아뇩다라삼먁삼보리심을 발한 자는 법에 단멸상을 말하지 않기 때문이다."

제이십팔 불수불탐분

"수보리여! 만일 보살이 항하사 같은 세계에 가득한 칠보로써 보시할지라도 만일 다시 어떤 사람이 일체 법에 아가 없음을 알아 인욕을 성취하면 이 보살은 앞의 보살이 얻은 바 공덕보다 수승하리라. 왜냐하면 수보리여! 모든 보살은 복덕을 받지 않기 때문이다."

수보리가 부처님께 여쭈었습니다.

"세존이시여! 어찌하여 보살은 복덕을 받지 않습니까?"

"수보리여! 보살은 지은 바 복덕에 탐착하지 않으므로 복덕을 받지 않는다고 하느니라."

제이십구 위의적정분

"수보리여! 만일 어떤 사람이 말하기를, 여래가 오기도 하고 가기도 하고 앉기도 하고 눕기도 한다고 하면, 이 사람은 내가 말한 바 뜻을 알지 못함이니라. 왜냐하면 여래란 오는 바가 없으며 가는 바가 없으니 이름이 여래니라."

제삼십 일합이상분

"수보리여! 만일 선남자 선여인이 삼천대천세계를 빻아서 가는 티끌을 만들면 어떻게 생각하느냐? 이 티끌들이 많지 않겠느냐?"

"매우 많습니다, 세존이시여! 왜냐하면 만일 이 티끌들이 실제로 있는 것이라면 부처님께서 티끌들을 말씀하지 않으셨을 것입니다. 왜냐하면 부처님께서 티끌들이라고 말씀하신 것은 곧 티끌들이 아니라 그 이름이 티끌들이기 때문입니다.

세존이시여! 여래가 말씀하신 삼천대천세계는 곧 세계가 아니라 그 이름이 세계입니다. 왜냐하면 만일 세계가 실로 있다면 곧 일합상인 것이거늘 여래께서 말씀하신 일합상은 곧 일합상이 아니라 이름이 일합상입니다."

"수보리여! 일합상이라는 것은 곧 말할 수 없거늘, 다만 범부들이 이것을 탐착하느니라."

제삼십일 지견불생분

"수보리여! 만일 어떤 사람이 말하되, 부처님이 아견·인견·중생견·수자견을 설했다고 한다면, 수보리여! 그대는 어떻게 생각하느냐? 그 사람은 내가 말한 뜻을 알았다 하겠느냐?"

"아닙니다, 세존이시여! 그 사람은 여래께서 말씀하신 뜻을 알지 못합니다. 왜냐하면 세존께서 말씀하신 아견·인견·중생견·수자견은 아견·인견·중생견·수자견이 아니라 그 이름이 아견·인견·중생견·수자견이기 때문입니다."

"수보리여! 아뇩다라삼먁삼보리심을 발한 자는 일체 법에 응당 이와 같이 알고, 이와 같이 보며, 이와 같이 믿고 이해하여 법상을 내지 아니할지니라. 수보리여! 여래가 말한 법상이라는 것은 곧 법상이 아니라 그 이름이 법상이니라."

제삼십이 응화비진분

"수보리여! 만일 어떤 사람이 무량 아승기 세계에 가득한 칠보로써 보시할지라도, 만일 선남자 선여인이 보리심을 일으켜 이 경을 가지거나 내지 사구게 등을 수지 독송하여 다른 사람을 위하여 연설하면 그 복이 저보다 승하리라.
어떻게 다른 사람을 위하여 연설하는가? 상을 취하지 않으면 여여하여 동하지 않으리라.
왜냐하면
일체 유위법은 꿈과 같고 꼭두각시와 같고
물거품과 같고 그림자와 같으며,
또한 이슬과 같고 번개와 같으니
마땅히 이와 같이 관할지니라."
부처님께서 이 경 설하시기를 마치자 장로 수보리와 모든 비구 비구니와 우바새 우바이와 일체 세간 천인 아수라들이 부처님의 말씀을 듣고 모두 크게 환희하여 믿고 받아들여 뜻을 받들어 행하였느니라.

법륜 스님의 즉문즉설,
그 해답의 기준은 금강경이었다!

법륜 스님의 금강경 강의

대중들과 나눈 즉문즉설, 수행생활을 하며 겪었던 일화 등
지금 내 삶과 밀착된 풍부한 예화를 통해 지금 살아 숨 쉬는
『금강경』으로 다시 태어났다.

정토출판

전화 02-587-8991 | 전송 02-6442-8993
http://book.jungto.org
jungtobook@gmail.com

법륜 스님의 금강경 강의 필사 공책

초판 1쇄 인쇄 2025년 7월 22일
초판 2쇄 발행 2025년 9월 15일

펴낸이	김정숙
기획	이상옥 정연서
편집	김명희 박선미 박해련 장윤정
디자인	동경작업실

펴낸곳	정토출판
등록	1996년 5월 17일 (제22-1008호)
주소	서울특별시 서초구 효령로51길 42(서초동)
전화	02-587-8991
팩스	02-6442-8993
이메일	jungtobook@gmail.com

ISBN   979-11-87297-90-1 (03220)

이 책의 판권은 정토출판에 있습니다.
이 책 내용의 전부 또는 일부를 재사용하려면
반드시 정토출판의 서면 동의를 받아야 합니다.